Peter Badenhop

DIE SCHÖNSTEN GASTHÄUSER AN RHEIN UND MAIN

Anregungen zur genussvollen Einkehr

SOCIETÄTS
VERLAG

Alle Rechte vorbehalten · Societäts-Verlag
© 2017 Frankfurter Societäts-Medien GmbH
Satz: Julia Desch, Societäts-Verlag
Umschlaggestaltung: Julia Desch, Societäts-Verlag
Umschlagabbildung: Peter Badenhop
Druck und Verarbeitung: CPI books GmbH, Leck
Printed in Germany 2017

ISBN 978-3-95542-249-3

INHALT

VORWORT

Das Gasthaus ist die Keimzelle deutscher Gastlichkeit. Als Treffpunkt für die dörfliche und städtische Nachbarschaft, als Ort der Begegnung und Unterhaltung, als Rast-Stätte für Fremde und Reisende spielt es seit Jahrhunderten eine zentrale Rolle im gesellschaftlichen Leben. Die Gastwirtschaft ist der Ort, an dem die Menschen zusammen essen und trinken – und im Wortsinne zusammenfinden. Das ist heute nicht anders als im Mittelalter, auch wenn sich seither nicht nur die Speisen und Getränke, sondern auch die Umgangsformen, Vorlieben und Gewohnheiten der Gäste und überhaupt die Umstände und das Leben verändert haben.

Der Wandel in der Gastronomie ist heute ebenso stetig wie unaufhaltsam. Es gibt immer wieder neue Ideen und Konzepte – aber die gute alte Speisegaststätte, das klassische Gasthaus gibt es trotzdem noch immer. An Rhein und Main besonders häufig. Manchmal präsentiert es sich ganz traditionell wie zu Großmutters Zeiten, manchmal im modernen Gewand und zeitgemäßen Ambiente.

In diesem Führer haben alle diese Varianten Platz. Er ist als Ratgeber konzipiert, der sich an Neuankömmlinge im Rhein-Main-Gebiet ebenso wendet wie an Alteingesessene. Er erhebt keinen Anspruch auf Vollständigkeit, sondern ist als Orientierungshilfe gedacht für all jene, die Wert auf eine angenehme Atmosphäre und anspruchsvolle Küche legen und die offen sind für Neuentdeckungen und Empfehlungen.

Wiesbaden, im Frühjahr 2017, Peter Badenhop

ZUM KRUG

Hauptstraße 34
65347 Eltville-Hattenheim
Telefon 06723-99680
www.hotel-zum-krug.de
info@hotel-zum-krug.de

Öffnungszeiten: Mittwochs bis samstags von 12 bis 14 Uhr und von 18 bis 22 Uhr, sonntags von 12 bis 14 Uhr, montags geschlossen, dienstags von 18 bis 22 Uhr.

Parken: Für die Gäste gibt es einen kleinen Parkplatz hinter dem Haus, ansonsten ist es im Ortskern von Hattenheim ziemlich eng. Allerdings gibt es am Rheinufer, nur ein paar Gehminuten entfernt, genügend Stellplätze.

Gänsestopfleber im Weinhaus

Der Weinkeller ist eine Sensation. Er ist nicht nur groß und von beeindruckender Schönheit, er bietet vor allem eine unvergleichliche Auswahl. Die ältesten Flaschen stammen aus den zwanziger Jahren und sind inzwischen fast 100 Jahre alt, und vor allem das Sortiment an edelsüßen Tropfen ist in der gesamten Region kaum zu übertreffen. Entsprechend umfangreich ist die Weinkarte, die dem Gast im Weinhaus „Zum Krug" präsentiert wird. Sie umfasst mehr als 600 Positionen, und entsprechend vinophil sind viele Stammgäste dieses Familienbetriebs, der sich in den vergangenen 75 Jahren zu einem der besten und renommiertesten Gasthäuser im Rheingau entwickelt hat. Herr der Weine ist Josef Laufer, der über die Jahre überaus

Familienbetrieb im historischen Haus

Rheingauer Gastlichkeit

klug eingekauft und so auch viele Tropfen im Angebot hat, die bei den Weingütern selbst gar nicht mehr zu bekommen sind.

Die Küche ist dagegen das Reich von Josef Laufer junior, der nach Lehrjahren in Australien, im Allgäu, in Heidelberg und auf der Stromburg bei Johann Lafer vor ein paar Jahren an den Herd des Traditionsgasthauses zurückgekehrt ist und den Stil des Hauses behutsam weiterentwickelt hat. Geboten wird nach wie vor die typische anspruchsvolle deutsche Hochküche mit französischem Einfluss, etwa wenn die schlichte, aber großartige Rinderkraftbrühe mit Markklößchen oder die hausgemachte Gänsestopfleber-Terrine mit Quittenbrot auf den Tisch kommen oder der berühmte Sauerbraten vom Weiderind mit Kartoffelklößen und Preiselbeeren serviert wird. Aber der Juniorchef setzt auch neue Akzente, etwa wenn er hausgemachte Pastrami mit Rotkrautsalat oder sautierte Kalbsnieren in Gorgonzola-Schaum mit Petersilienwurzel und Fenchelpollen-Polenta unter die Leute bringt – und von den passenden Tropfen aus dem hauseigenen Keller begleiten lässt.

Tradition in Hattenheim

Das Niveau, das Vater und Sohn mit diesem kulinarischen Programm präsentieren, bieten sie ihren Gästen im Übrigen auch mit ihrem kleinen, aber feinen Hotelbetrieb. Für den haben sie schon vor einigen Jahren das direkt an die alte Weinwirtschaft angrenzende alte Rathaus von Hattenheim mit modernen, individuellen Zimmern und schönen Veranstaltungsräumen ausgestattet und so ein bemerkenswertes Gesamtensemble geschaffen.

EMPFEHLUNG:

In direkter Nachbarschaft zum Hotel und Restaurant befindet sich das Weingut Georg Müller Stiftung. Dessen historischer Gewölbekeller beherbergt eine sehenswerte Ausstellung aus Installationen und Lichtobjekten, Malerei und Skulpturen verschiedener Künstler. Öffnungszeiten und Führungen unter www.georg-mueller-stiftung.de.

DRUCKWASSERWERK

Rotfeder Ring 16
60327 Frankfurt
Telefon 069-256287700
www.restaurant-druckwasserwerk.de
info@restaurant-druckwasserwerk.de

Öffnungszeiten: Montags bis freitags von 11.30 bis 15 Uhr und 15.30 bis 24 Uhr, samstags von 18 Uhr an und sonntags von 10 Uhr an.

Parken: Direkt neben dem Lokal gibt es einen Parkplatz, der ist allerdings schnell belegt, vor allem abends, wenn das Haus voll ist.

Alte Halle am Westhafen

Schon das Entree ist großartig. Die Industriearchitektur des historischen Backsteinbaus entfaltet ihren unvergleichlichen Charme auch beim hundertsten Besuch im „Druckwasserwerk". Wer in Frankfurt Gäste von auswärts stilvoll ausführen will, der findet hier im Westhafen einen geeigneten Ort: Er bietet eine beeindruckende Kulisse, gute Küche, ausgesuchte Weine und ein durchaus weltstädtisches Ambiente. Kein Wunder, dass auf dem knapp bemessenen Parkplatz vor der Tür vor allem teure Autos stehen und die Stöckelschuh-Dichte im Inneren des Lokals bemerkenswert hoch ist.

Dem Publikumszuspruch angemessen sind auch die Preise. Mancher Gastwirt auf dem Lande würde sich die Augen rei-

Beeindruckend: die alte Maschinenhalle

Saniert: der historische Backsteinbau

ben, angesichts dessen, was die Leute in der 13 Meter hohen, ehemaligen Maschinenhalle ohne Murren auf den Tisch legen – für Klassiker der deutschen Küche und eine Auswahl amerikanischer Steaks. Aber so ist das nun einmal in einer Metropole, und an der Qualität der Speisen, die von der Küchenbrigade zubereitet werden, ist tatsächlich nichts auszusetzen. Das zeigt sich beim in Butterschmalz gebratenen Wiener Schnitzel mit deftigem Kartoffelstampf und Gurkensalat ebenso wie bei den geschmorten Schweinebäckchen mit Baby-Rote-Bete oder dem Sauerbraten vom Rinderfilet mit Rosenkohl-Kartoffel-Püree und Vanille-Möhren. Sehr beliebt ist bei den Gästen auch die Barbarie-Entenbrust mit Süßkartoffeln-Plätzchen und Spitzkohl, sie steht auf der bewußt klein gehaltenen Karte für den überregionalen Blick der Küche, ebenso wie zum Beispiel das kleine Pasta-Säckchen mit Trüffelfüllung und Roquefortcreme.

Bei den Gästen kommt diese Mischung aus Bodenständigkeit und Anspruch sehr gut an. Viele kommen schon mittags zum schnellen Geschäftsessen, abends ist die Stimmung schnell gelöst und erfüllt die große, alte Halle mit Lebendigkeit. Bei schönem Wetter verlagert sich das Treiben auch vor die Tür. Dort stehen im Sommer zahlreiche Tische und Stühle, und direkt am Mainufer gibt es sogar einen kleinen Sandstrand mit Liegestühlen. Hier lassen sich mit Blick auf den dahinziehenden Strom stilvoll ein paar Drinks genießen.

EMPFEHLUNG:
Unbedingt einen Versuch wert ist der große Sonntagsbrunch mit seinem sehr üppigen Büffet, das an jedem Wochenende und an ausgewählten Feiertagen für die Gäste aufgebaut wird.

HALBER MOND

Ludwigstraße 5
64646 Heppenheim
Telefon 06252-126848
www.halber-mond.com
info@halber-mond.com

Öffnungszeiten: „Restaurant 1847" täglich von 11 bis 23 Uhr, „Cha da fö" vom 15. Oktober bis 30. April dienstags bis samstags von 18 bis 23 Uhr.

Parken: Direkt am Brauhaus gibt es einen großen Parkplatz.

Bockbier im Haus
der Demokratie

Dieses Haus hat Geschichte geschrieben. Nicht als Hotel, Restaurant oder Brauhaus, sondern als Tagungsort der „Heppenheimer Versammlung" im Jahr 1847 – einem der wegweisenden Treffen liberaler Kräfte vor der deutschen Märzrevolution. Viele der Teilnehmer, die damals im „Halben Mond" zusammenkamen, um für Bürgerrechte und die deutsche Einigung zu streiten, wurden ein Jahr später Abgeordnete in der Frankfurter Nationalversammlung. Heute erstrahlt der Bau im Herzen Heppenheims in alter Pracht, und der Gasthof, der schon im 17. Jahrhundert Ziel vieler Reisender war, erlebt eine bemerkenswerte Renaissance. Seit der 2008 begonnenen Renovie-

Handwerkskunst: die Braukessel

17

rung beherbergt das historische Ensemble nicht nur eine moderne Wirtschaft, sondern auch ein Hotel mit großzügigen, hellen Zimmern und vor allem eine Hausbrauerei erster Güte.

Schon bevor die Gäste die Gaststube des Hauses, das „Restaurant 1847", betreten, werden sie von zwei großen Kupferkesseln am Eingang daran erinnert, dass hier jetzt ein Braumeister seinem Handwerk nachgeht. Und dass dieser genau weiß, was er tut, das merken sie spätestens dann, wenn wenig später ein trübes, hopfiges Kellerpils oder ein bernsteinfarbenes Hefeweizen vor ihnen auf dem Tisch steht. Charaktervoll und süffig präsentieren sich die beiden Standardsorten des Hauses, aber auch die vielen saisonalen Spezialitäten wie Märzen und Bock haben längst ihre Liebhaber in Heppenheim und darüber hinaus gefunden. Im Haus wird nicht nur gebraut, sondern seit 2011 auch

Einladendes Entree

gebrannt. In einer traditionellen Verschlussbrennerei produziert der Brennmeister verschiedene Schnäpse auf der Basis von Bier- und Weinhefe, außerdem Obstbrände, Bergsträßer Whisky, Gin und einige Liköre.

Zur Attraktivität des „Halben Mond" als Ausflugslokal trägt allerdings auch der große Biergarten und vor allem die Küche bei. Deftig, aber nicht derb, regional und

Modernes Ambiente: die Gaststube

dennoch weltoffen: So lässt sich vielleicht am besten beschreiben, was hier serviert wird. Da haben Hand- und Kochkäse mit Musik, Blutwurst mit Kartoffelkruste und Schweinebraten in Dunkelbiersoße ebenso ihren Platz wie Flammkuchen, Graved Lachs mit Reibekuchen und Penne Mediterrane. So lebt eine große Tradition im modernen Gewand fort.

EMPFEHLUNG:

Zwischen Oktober und April können die Gäste im „Halben Mond" auch einen Hauch von Schweizer Gastlichkeit erleben. Dann wird im historischen Gewölbe des Hauses nämlich das „Cha da fö" geöffnet, ein Genusskeller, in dem feine Weine von der Bergstraße und Fondue und Raclette aus der Schweiz serviert werden.

BOOTSHAUS

Victor-Hugo-Ufer 1
55116 Mainz
Telefon 06131-1438700
www.bootshausmainz.de
bootshaus@frank-buchholz.de

Öffnungszeiten: Täglich von 11 Uhr an, Küche von 12 bis 14.30 Uhr und von 17 bis 21.30 Uhr.

Parken: Am Winterhafen sind Stellplätze rar. Wer nicht lange suchen will, fährt ins Parkhaus im Fort Malakoff und geht am Victor-Hugo-Ufer fünf Minuten zu Fuß zum „Bootshaus".

Lebensart am Winterhafen

Auf den ersten Blick sieht es nicht so aus. Dafür ist das Gebäude viel zu modern, dafür ist die Lage viel zu exquisit, und dafür sind manche Gäste viel zu schick. Und eigentlich passt auch der Küchenchef nicht ins Bild, schließlich hatte der Mann mal einen Stern. Am Ende aber – da kann man es drehen und wenden, wie man will – ist das „Bootshaus" ein Gasthaus. Eine zeitgemäße, mit viel Gefühl für Stil und Lebensart ausgestattete Variante vielleicht. Aber doch ein Gasthaus mit jenen Attributen, die auch viele Traditionshäuser dieser Kategorie auszeichnen: Es bietet eine bodenständige, gute Küche, ein unkompliziertes, entspanntes Ambiente und einen kommunikativen, aber nicht aufdringlichen Service.

Unkompliziert: Genuss mit Rheinblick

Frank Buchholz stammt aus Westfalen, lebt und arbeitet aber schon lange in Mainz. Zunächst hat er in der rheinland-pfälzischen Landeshauptstadt mit einer Kochschule auf sich aufmerksam gemacht, dann mit seinem Restaurant im Stadtteil Gonsenheim. Dort hat er sich mit seiner mediterran inspirierten Regionalküche schnell einen Michelin-Stern erkocht – und im „Bootshaus" zeigt er nun, wie sich Kochkunst und Hausmannskost verbinden lassen. Die Mainzer danken es Buchholz und strömen vor allem im Sommer zum Klubhaus auf dem Gelände des Rudervereins am inzwischen mächtig herausgeputzten Winterhafen. Direkt am Rhein gelegen, hat sich der Bau mit seiner Holzfassade schnell zu einem beliebten Ausflugsziel entwickelt.

Bei Sonnenschein sitzen die Gäste in Liegestühlen am Hafenbecken oder auf Bänken an einfachen Tischen an der Rhein-

Ausflugsziel: das Haus an der Rheinpromenade

Kommunikativ: die große Gaststube

promenade, im Winter genießen sie den Ausblick durch die großen Fenster des Restaurants. Sie trinken Kaffee oder rheinhessischen Wein, essen hausgemachten Spundekäs' mit Laugenstange oder ein Rindertatar mit Wachtelei. Wer richtig Hunger hat, bestellt sich ein Wiener Schnitzel mit Kartoffel-Gurken-Salat oder den Rheinischen Sauerbraten mit Rotkohl. Die Küche kann aber auch anders – sprich deutlich mediterraner, etwa mit einem schlichten, aber großartigen Vitello tonnato mit Rucola oder einer am Stück gebratenen Dorade mit Ratatouillegemüse. Buchholz lässt sich ständig etwas Neues einfallen. Aber die Mischung stimmt immer.

EMPFEHLUNG:

Ein Besuch im „Bootshaus" ist ein idealer Ausgangs- oder Endpunkt für einen ausgedehnten Spaziergang am Mainzer Rheinufer.

ALTE KLOSTERMÜHLE

Kloster Arnsburg
Klostermühle 1
35423 Lich-Arnsburg
Telefon 06404-6967082
www.alte-klostermuehle-arnsburg.de
info@alte-klostermuehle-arnsburg.de

Öffnungszeiten: Esszimmer dienstags von 18 bis 22 Uhr, donnerstags bis samstags von 12 bis 22 Uhr, sonntags von 12 bis 21 Uhr, Fine-Dining donnerstags bis sonntags von 18 Uhr an; montags geschlossen.

Parken: Auf dem Gelände des früheren Klosters gibt es genügend Stellplätze.

Rehrücken im Kulturdenkmal

Die junge Frau ist eine Wucht. So freundlich und engagiert wünscht man sich eine Kellnerin. Zugewandt, aber nicht aufdringlich. Schlagfertig, aber nicht frech. Vor allem aber ist sie bestens im Bilde über das Angebot ihrer Küche und zählt zu Beginn deshalb erst einmal ausführlich auf, welche Wildspezialitäten an diesem Abend auf dem Programm stehen. Was auf den Tisch kommt, hängt davon ab, was der Jäger an den Vortagen erlegt hat – diesmal sind es Hacksteak und Filet vom Wildschwein sowie Leber und Rücken vom Reh. An anderen Tagen gibt es aber auch eine geschmorte Wildschweinkeule, Medaillons vom Reh oder ein kräftiges Ragout von einem der Tiere. Serviert werden dazu hausgemachte Butterspätzle und Kartoffelknödel, Rahmwirsing, Rotkohl und Speck-Rosenkohl.

Köstlich: Taunus-Forelle mit Rote Beete

Die „Alte Klostermühle" ist Teil der einstigen Zisterzienser-Abtei Kloster Arnsberg, deren Geschichte bis auf das Jahr 1174 zurückreicht und die sich heute als beeindruckendes Ensemble von mittelalterlichen Ruinen und barocken Prachtbauten präsentiert. Das Gasthaus mit seinen unterschiedlichen Räumen ist in dem früheren Mühlenbau des Klosters untergebracht, davor erstreckt sich im Hof der Anlage ein Biergarten, der im Sommer bei Besuchern und Wanderern sehr beliebt ist.

Wenn es draußen neblig, feucht und kalt ist, werden in der „Alten Klostermühle" alljährlich die „Wilden Tage" ausgerufen, und die Gäste können frisch geschossenes Wild aus dem Westerwald genießen. Das ist ein traditioneller Genuss – aber es gibt natürlich auch Besucher, die mit dieser Art von Fleischeslust nicht viel anfangen können. Für sie hat die junge Kellnerin zum Glück

Stilvoll: die gediegen eingerichtete Gaststube

auch anderes im Angebot: norwegischen Skrei mit Beluga-Linsen zum Beispiel, Wiener Schnitzel mit Bratkartoffeln, geräucherte Taunus-Forelle mit Rote Bete oder hausgemachte Spinat-Lasagne. Je nach Jahreszeit gibt es im „Esszimmer", dem in moderner Gediegenheit eingerichteten Gastraum, aber auch andere saisonale Speisen wie Spargel, Pilze oder Gans. International ist die Weinauswahl: Natür-

Das Tor der alten Abtei

lich sind Rieslinge und andere Tropfen aus dem nahen Rheingau auf der Karte zu finden, zum Wild aber passen auch sehr gut die Roten aus Argentinien und Spanien, die dort Platz gefunden haben. Dass Markus Geist, Chefkoch und Inhaber der „Klostermühle", einen gewissen Anspruch hat, zeigen nicht nur die sorgfältig angerichteten Teller, sondern auch Kleinigkeiten wie der Madeira von Henriques & Henriques, der neben Hugo und Aperol Spritz auf der Aperitif-Karte steht. Das hat wirklich Stil.

EMPFEHLUNG:

Ein Besuch in der Galerie des Künstlers Peter Seharsch lohnt sich allemal. Sie ist in einem der „Alten Klostermühle" direkt gegenüber liegenden Gebäude untergebracht. Überhaupt ist ein Rundgang auf dem alten Klosterareal sehr zu empfehlen, es ist voller Leben und Überraschungen.

DEPOT 1899

Textorstraße 33
60594 Frankfurt
Telefon 069-60504799
www.depot1899.de
info@depot1899.de

Öffnungszeiten: Montags bis freitags von 11.30 Uhr an, samstags und sonntags von 10 Uhr an.

Parken: Im Keller des Sachsenhäuser Depots gibt es eine öffentliche Tiefgarage mit zahlreichen Plätzen, Zufahrt über die Hedderichstraße.

Hessen-Tapas im alten Betriebshof

Im Depot ist immer etwas los. Die ersten Gäste sitzen schon zum Frühstück in der ehemaligen Straßenbahnhalle, andere kommen mittags oder für einen Kaffee am Nachmittag, und viele gönnen sich am Abend noch ein Gläschen. Seit seiner Eröffnung im Jahr 2009 hat sich das „Depot 1899" in Rekordtempo zu einem der beliebtesten Treffpunkte im Frankfurter Stadtteil Sachsenhausen entwickelt. Geradezu bescheiden firmiert das Lokal mit den riesigen Bogenfenstern und den markanten Lampen als „Wirtshaus". Angesichts der modernen Einrichtung des restaurierten, früheren Tram-Betriebshofs mag das zunächst befremden. Geboten wird im „Depot 1899" aber im Grunde genau

Viel Platz: zeitgemäße Möblierung im Gastraum

Beliebter Treffpunkt: das Lokal im alten Betriebshof

das Gleiche wie in jedem klassischen Gasthaus: deftige regionale Kost, eine bodenständige Getränkeauswahl, ein flotter Service und viel Platz zum Feiern – vom kleinen Herrenabend bis zur großen Hochzeit. Mehrere hundert Gäste finden hier Platz, und doch müssen an manchen Abenden Leute abgewiesen werden, weil das Lokal aus allen Nähten platzt.

Betrieben wird das alte Depot mit seinen hohen Backsteinwänden, der breiten Glasfront und der ausladenden Terrasse auf dem Vorplatz von einer Tochtergesellschaft der Messe Frankfurt, und die deutsch-englische Karte deutet darauf hin, dass diese Verbindung auch viele internationale Gäste in das Lokal bringt. Geboten wird ihnen eine Mischung aus regionalen Spezialitäten und gängigen Gasthaus-Klassikern. So kann man sich zum Beispiel leicht aufgemöbelte Frankfurter Lieblinge wie ein Paar Würstchen mit Kartoffelsalat, Handkäs' mit roten Zwiebeln und Radieschen oder Grüne Soße mit gekochten Eiern und Pellkartoffeln gönnen. Oder man hält sich an Speisen, die auch über Hessen hinaus beliebt sind: Rindergulasch mit Spätzle, Schnitzel mit Pilzrahm oder Schweinebraten mit Dunkelbiersoße. Wie inzwischen fast überall werden außerdem einige vegetarische und vegane Gerichte serviert. Für die Ebbelwoi-Trinker unter den Gästen sind die sogenannten Maulhäppchen, kleine „Hessen-Tapas", die idealen Sattmacher: Im Gläschen serviert, gibt es Tomate-Mozzarella mit Pesto, Pfefferbeißer mit Senf und gebeizten Kräuterlachs, aber natürlich auch Grüne Soße mit Ei und Handkäs' mit Musik. Man ist ja schließlich in Sachsenhausen.

EMPFEHLUNG:

Frankfurter Fish & Chips – Zanderfilet im Ebbelwoi-Teig mit Grüner Soße und Pommes. Dazu schmeckt am besten sauergespritzter Apfelwein.

HOF GIMBACH

Gimbacher Weg
65779 Kelkheim
Telefon 06195-3241
www.hof-gimbach.de
info@hof-gimbach.de

Öffnungszeiten: Täglich von 12 Uhr an, samstags und sonntags schon von 11 Uhr an, mittwochs geschlossen (außer feiertags).

Parken: An der Zufahrt zum Hof gibt es zahlreiche Stellplätze.

Ebbelwoi am Fuße des Staufen

Wenn die Sonne scheint, gibt es viele angenehme Plätze im Taunus – der Garten des „Hof Gimbach" ist sicher einer der schönsten. Finden jedenfalls die Kinder. Die würden im Sommer am liebsten den ganzen Tag hier rumflitzen. Nicht nur der Spielplatz mit Schaukel und dem Karussell, das die Mutigeren schon mal auf beängstigende Touren bringen, sondern vor allem die vielen Tiere, die dort aus nächster Nähe zu begucken sind, begeistern die Kleinen. Zu Hause kriegt man so viele Schafe, Ziegen, Gänse, Hühner, Esel und Pferde schließlich nicht zu sehen. Und einen Traktor, auf dem man herumklettern kann, gibt es da auch nicht. Kein Wunder, dass das alte Gefährt am Rande der Wiese alle paar Minuten von einem neuen Fahrer mit Armen, Beinen, Stimme und manchmal auch Dickkopf drangsaliert wird.

Taunus-Idylle: der Garten

Die Eltern sitzen derweil an den Tischen unter den großen Kastanien oder daneben im Gras und lassen den lieben Gott einen guten Mann sein. Sonnenbrillen aufgesetzt, den Spielplatz mit einem Auge im Blick, so lässt es sich aushalten. Der selbstgekelterte Ebbelwoi löst die Stimmung, der selbstgebackene Kuchen ist großartig, und die Idylle der Umgebung tut ein Übriges. „Hof Gimbach" am Fuße des Staufen hat Tradition. Einst hatte der Pächter das Recht, Wein an die Pilger auszuschenken, die die nahe gelegene, 1708 erbaute Wallfahrtskapelle besuchten. Die Kapelle wurde vor mehr als 170 Jahren abgerissen, aber die Ausflügler kommen immer noch in Scharen und lassen sich unter den großen Bäumen vor dem Haus oder – bei schlechtem Wetter – in der urigen Gaststube nieder.

1534 wurde der Hof erstmals urkundlich erwähnt, 1784 wurde den damaligen Besitzern das Schankrecht verliehen, und heu-

Open-Air: Kuchenbuffet im Freien

Gemütlich: die Gaststube

te ist der Hof ein Familienbetrieb par excellence. Familie Schie-
la hat ihn zu einem leistungsfähigen gastronomischen Betrieb
gemacht. Von seiner Ursprünglichkeit hat der Hof nichts ein-
gebüßt: Der Apfelwein kommt wie eh und je von den eigenen
Obstwiesen und reift im Keller in großen Holzfässern. Und die
Fleisch- und Wurstspezialitäten aus der hofeigenen Viehhaltung
gehören zum Besten, was der Taunus zu bieten hat.

EMPFEHLUNG:

Jeden Donnerstag steht der „Hof Gimbach" im Zeichen des
Schinderhannes. Von 18 Uhr an wird im Namen des berühmten
Hunsrück-Räubers, der aus dem Taunus stammte und im Nahe-
tal auf Abwege geriet, ein üppiges Buffet mit regionalen Spezialitäten und wechselnden Suppen, Salaten und Braten aufge-
tischt.

SPIELMANNS ALTE ZIEGELEI

Wallstädter Weg 52
63762 Großostheim
Telefon 06026-9779373
www.spielmanns-alte-ziegelei.de
info@spielmanns-alte-ziegelei.de

Öffnungszeiten: Dienstags bis samstags von 17 Uhr an, sonntags von 11 Uhr an, montags geschlossen.

Parken: Vor dem Haus gibt es einen großen Parkplatz für die Gäste.

Landschwein und
Ochse im Maintal

Woher der Begriff „Russenfabrik" stammt, weiß niemand so genau. Es gibt ein paar Theorien, aber mit Russen hat er wahrscheinlich nichts zu tun. Wohl eher damit, dass in der Ziegelei, die hier am Rande von Großostheim 1924 gegründet wurde, Backsteine aus Lösslehm und Ton gebrannt wurden, die vom vielen Ruß nicht rot, sondern schwarz aussahen und dass es deshalb eigentlich „Rußenfabrik" heißen müsste. Aber sicher ist das nicht – und inzwischen auch egal. Denn 1974 wurde der Betrieb eingestellt, und heute kommen die Leute aus der Umgebung auf das alte Fabrikgelände zum Reiten, Essen und Trinken. Wo einst Steine für den Hausbau gefertigt wurden, bieten heu-

Wunderbar: die Ochsenbäckchen

te das Gestüt Wolfsangel und „Spielmanns Alte Ziegelei" Entspannung und Genuss.

Das Gasthaus mit seinen roten Fensterläden und dem großen Schriftzug an der weißen Fassade liegt inmitten von Weiden, Wiesen und Pferdekoppeln, der Blick schweift über das Maintal bis zum Spessart. Wenn es draußen kalt und ungemütlich ist, prasselt im großen Kamin in der Gaststube das Feuer und die Kellnerinnen bringen Wärmendes wie die wunderbaren Ochsenbäckchen mit Kartoffelpüree, den gebratenen Rücken vom Landschwein oder das Kabeljaufilet mit Limettenschaum. Patron Steffen Spielmann versteht es, seiner im Grunde bodenständigen Küche mit Sorgfalt und Qualitätsbewusstsein das gewisse Extra zu geben, das sich deutlich über das übliche Gasthausniveau hebt. Das ist beim Salat mit sautierten Pfifferlingen mit Oliven und Parmesan ebenso zu beobachten wie beim haus-

Großzügig: der Biergarten

gebeizten Kräuterlachs oder dem Kalbsrücken mit Rahmsoße und Vanille-Karotten – und selbst bei den Deftigkeiten vom Rinderhacksteak über den Flammkuchen bis zum Wurstsalat, die im Sommer im großen Biergarten hinter dem Haus serviert werden.

Ja, und natürlich auch für die Gänse, die in den Wochen vor Weihnachten bei Spielmann auf den Tisch kommen. Die gibt es nur

Einladend: die Gaststube

auf Bestellung und als Menü für jeweils vier Personen, denn nur ein richtiger Braten von der ganzen Gans bringt den Genuss, den das große Federvieh bietet, richtig zur Geltung. Mit einem kleinen Aufpreis gibt es sie hier sogar in Bio-Qualität aus dem Odenwald. Das ist die „ehrliche und naturnahe Gastronomie", der sich Steffen Spielmann von Anfang an verschrieben hat.

EMPFEHLUNG:

Neben der regulären Speisekarte, die je nach Saison verändert wird, hat Steffen Spielmann auch immer ein paar besondere, aktuelle Empfehlungen. So kann man beim ihm im Frühjahr zum Beispiel den besten Spargel weit und breit essen.

FRANKFURTER HAUS

Darmstädter Landstraße 741
63263 Neu-Isenburg
Telefon 06102-31466
www.frankfurter-haus.de
info@frankfurter-haus.de

Öffnungszeiten: Täglich von 12 bis 24 Uhr, durchgehend warme Küche.

Parken: Direkt am Haus gibt es etwa 50 Stellplätze, und gegenüber steht auch der große öffentliche Parkplatz an der Straßenbahn-Haltestelle zur Verfügung.

Promi-Treff am Stadtrand

Endstation Neu-Isenburg. Wenn die Züge der Frankfurter Straßenbahnlinie 14 die Stadtgrenze erreichen, fahren sie eine kleine Schleife und machen sich nach kurzem Halt wieder auf in Richtung Sachsenhausen. Man könnte meinen, hier ende für den gemeinen Frankfurter die zivilisierte Welt, tatsächlich aber ist das Gegenteil der Fall. Denn hier, am Rande des Stadtwaldes steht seit 1702 das „Frankfurter Haus" – und das hat nicht nur wegen seines Namens schon immer die Frankfurter in Scharen angelockt. Früher vor allem als Ausflugsziel des stolzen Frankfurter Bürgertums geschätzt, hat der historische Gasthof heute einen geradezu legendären Ruf als Prominenten-Treff.

Ein Haus mit Geschichte

Idylle an der Stadtgrenze

Vor allem unter dem in der ganzen Region für seine Partys bekannten Wirt Uli Mlcoch war das „Frankfurter Haus" ein Lieblingsziel der Bussi-Bussi-Gesellschaft. Schauspieler, Fernsehleute, B-Promis und viele Schöne und Reiche haben hier Gas gegeben und den lieben Gott ein ums andere Mal einen guten Mann sein lassen. Seit die neue Pächterin Monika Schwebel das mit dunklen Holzmöbeln, stilvoller Dekoration und einem riesigen Biergarten ausgestattete Ensemble übernommen hat, ist es ein bisschen ruhiger geworden. Aber auch sie begrüßt neben vielen Geschäftsleuten noch immer in schöner Regelmäßigkeit bekannte Persönlichkeiten vom Konsul bis zum Bundestrainer. An den Wochenenden kommen tagsüber viele Familien, abends wird das Publikum schicker und lauter.

Kulinarisch wird im „Frankfurter Haus" das Rad nicht neu erfunden: Wie es sich für einen historischen Gasthof gehört, gibt es Hausmannskost – vom Frankfurter Schnitzel mit Grüner Soße über Hacksteak mit Schmorzwiebeln und „Oma's Speckpfannkuchen" bis zum hausgemachten Sauerbraten mit Rotkohl. Bei schönem Wetter werden im sonnendurchfluteten Garten vor allem Kleinigkeiten wie Handkäs' mit Musik, Kartoffelsüppchen und die großen Salate bestellt. Die feineren Herrschaften ordern den Sylter Fischteller mit Räucherlachs, Matjes und Shrimps – und lassen sich dazu dann ein Gläschen Schampus schmecken.

EMPFEHLUNGEN:

Der Flammkuchen „Heinz Schenk" ist nach dem „hessischen David Bowie" benannt und wird natürlich mit Handkäs' zubereitet und mit einem kleinen Salat serviert.

BRENTANOHAUS

Am Lindenplatz 2
65375 Oestrich-Winkel
Telefon 06723-8854070
www.allendorf.de
brentanohaus@allendorf.de

Öffnungszeiten: Montags, donnerstags und freitags jeweils von 17 Uhr an, samstags und sonntags von 12 Uhr an, dienstags und mittwochs geschlossen.

Parken: Im Hof gibt es einige wenige Stellplätze, ansonsten steht gut 100 Meter entfernt am Rheinufer noch ein Parkplatz zur Verfügung.

Auf den Spuren des alten Goethe

Die Allendorfs sind im Rheingau nicht irgendwer. Die Winzerfamilie gehört zu den Großen in der Region, und Ulrich Allendorf hat es als treibende Kraft in den vergangenen Jahren geschafft, mit seinem Georgshof zu einem der aktivsten, innovativsten und unternehmungslustigsten Weinerzeuger in der traditionsreichen Gegend zu werden. 80 Hektar bewirtschaften die Allendorfs im Rheingau, ihr Gutsausschank gehört zu den beliebtesten weit und breit, in der alten Abfüllhalle lockt die „Weinerlebniswelt" wissbegierige Besucher an – und jetzt hat sich die Familie auch noch der Keimzelle der Rheinromantik angenommen: des Brentanohauses in Oestrich-Winkel. Was für ein Segen!

Geschmackvoll: die Gaststube des Hauses

Das 1751 erbaute Haus im Ortskern von Winkel wurde 1806 von den Brentanos erworben. Die Frankfurter Kaufmannsfamilie mit Wurzeln in Italien nutzte es als Sommerresidenz und machte es zum Treffpunkt von Dichtern und Denkern. Darunter waren der Freiherr von Stein, die Brüder Grimm und Ludwig van Beethoven, berühmt gemacht hat das Haus aber vor allem der Besuch von Johann Wolfgang von Goethe, der hier im September 1814 als Fünfundsechzigjähriger drei Wochen lang weilte – sein Schlafzimmer ist noch im Originalzustand erhalten.

Im Zuge der Sanierung des Hauses hat Ulrich Allendorf Räume im Erdgeschoss sowie den Garten und den ummauerten Weinberg von der Stadt Winkel und dem Verein Freies Deutsches Hochstift gepachtet, dort ein stilvolles Weinlokal eingerichtet – und dem historischen Ensemble so neues Leben eingehaucht.

Idyllisch: der große Garten

Traumhaft: Entspannung im Wingert

Geboten werden regionale und mediterrane Küche und natürlich Weine aus dem Rheingau, die bekanntermaßen ja schon den alten Goethe begeistert haben. In der modernen Gaststube und im romantischen Garten lassen sich die Gäste Tafelspitz-Carpaccio mit Grüner Soße, hausgemachte, mit Spinat-Ricotta gefüllte Nudeln, Forelle aus dem Wispertal oder Rheingauer Winzergulasch servieren. Es wird natürlich Riesling getrunken, aber auch andere Traubensorten bekommen eine Chance. Und mancher Besucher wandelt gedankenverloren mit dem Glas in der Hand durch die Rebenreihen, die sich bis zum Rhein erstrecken. Dem alten Goethe hätte das sicher sehr gefallen.

EMPFEHLUNG:

Ein Rundgang durch das historische Haus der Brentanos gehört bei einem Besuch in Winkel im Grunde zum Pflichtprogramm. Seit dem Frühjahr 2015 wird es nach und nach saniert, Besucher sind aber jederzeit willkommen. Informationen zu Führungen gibt es im Internet unter www.brentano.de.

HOFGUT
LAUBENHEIMER HÖHE

Auf der Laubenheimer Höhe 1-3
55131 Mainz
Telefon 06131-622260
www.hofgut-laubenheimer-hoehe.de
info@hofgut-laubenheimer-hoehe.de

Öffnungszeiten: Montags bis samstags von 12 Uhr an, sonntags von 11 Uhr an.

Parken: Direkt auf dem Hof gibt es einen großen Parkplatz, der genügend Platz bietet.

Schweinebauch mit Fernsicht

Wer bei Sonnenschein und guter Sicht auf dieser Terrasse sitzt, der kann und mag es sich gar nicht vorstellen. Nicht einmal ein Jahrzehnt ist es her, dass hier ein Steinbruch entstehen sollte. Wo heute die Gäste entspannt Riesling trinken und weit über den Rhein hinaus ins Land blicken, wollte die Heidelberger Cement AG eigentlich gewaltige Schneisen ins Erdreich sprengen und das Gestein mit riesigen Maschinen zerkleinern und abtransportieren. Dass daraus nichts geworden ist, ist ein Segen. Nicht nur für die Natur zwischen den Mainzer Stadtteilen Hechtsheim und Laubenheim, sondern auch für die Mainzer selbst, die sich nun über ein neues, phantastisches Ausflugsziel mit unverbaubarer Fernsicht freuen können.

Die Mainzer Hoteliers Anja und Christian Barth haben nach dem Ende der Steinbruch-Pläne die Gelegenheit ergriffen und auf der

Grandios: der Ausblick von der Terrasse

Rustikal: die Weinbergshütte

Laubenheimer Höhe für rund sechs Millionen Euro ein weitläufiges Hofgut errichtet. Zu dem Ensemble in den Weinbergen gehören ein Reitstall, verschiedene Veranstaltungsräume, ein großer Saal, eine Vinothek, ein Biergarten und ein rustikales Gasthaus. Von der Terrasse dieser „Weinbergshütte" haben die Gäste besagten Blick in die Rheinebene. Und sie bekommen Speisen und Getränke, die bewusst die Region in den Mittelpunkt stellen. Es gibt einfache, aber gut gemachte und mitunter modern interpretierte Gerichte wie Schweinebauch mit Dunkelbiersoße, Cordon

Bleu vom Kalbsrücken oder Medaillons vom Heilbutt mit Rieslingveloute. Außerdem eine große Auswahl an Steaks sowie rheinhessische Schmankerl wie den im Weckglas servierten Spundekäs', das üppige Vesper-Brett und Flammkuchen in verschiedenen Variationen. Welchen Anspruch die Barths dabei an den Tag legen, zeigt am besten die Auswahl der Weine: Der Keller hält eine exzellente Aus-

Stilvoll: die Vinothek

wahl Mainzer und Rheinhessischer Tropfen bereit, eine der besten weit und breit.

Vom Hofgut aus führt übrigens ein Wein-Lehrpfad ins Grüne. Wer nach einer Mahlzeit einen längeren Spaziergang machen möchte, der erreicht in wenigen Minuten den Kraterrand des stillgelegten und zum Teil schon wieder renaturierten Weisenauer Steinbruchs. Und der führt einem plastisch vor Augen, was der Laubenheimer Höhe erspart geblieben ist.

EMPFEHLUNG:

In der Vinothek am Eingang der „Weinbergshütte" können die Gäste in aller Ruhe Weine probieren, mehr als 100 Weine und zehn Proben mit verschiedenen Schwerpunkten stehen auf dem Programm.

FRIEDBERGER WARTE

Friedberger Landstraße 414
60389 Frankfurt
Telefon 069-592465
www.friedbergerwarte.de
info@friedbergerwarte.de

Öffnungszeiten: April bis September: Montags bis samstags von 17 bis 23 Uhr, Sonn- und Feiertage von 12 bis 23 Uhr. Oktober bis März: Mittwoch bis Samstag 17 bis 23 Uhr, Sonn- und Feiertage 12 bis 23 Uhr, Montag und Dienstag Ruhetag.

Parken: Autos können kostenfrei in der Tiefgarage des Best-Western-Hotels Friedberger Warte auf der gegenüberliegenden Straßenseite abgestellt werden.

Schneegestewer im alten Wehrturm

Im Sommer platzt der Garten regelmäßig aus allen Nähten. An langen Tischen sitzen die Leute im schattigen Innenhof und petzen einen Schoppen nach dem anderen. Manchmal ist kaum noch ein Platz zu bekommen, selbst wenn alle ordentlich zusammenrücken. Aber auch wenn dort Schnee liegt, herrscht in der „Friedberger Warte" Betrieb. Vor allem in den Wochen vor Weihnachten sollten Gäste, die einen Tisch in dem kleinen Gastraum mit seinen nicht einmal 50 Plätzen bekommen wollen, vorher reservieren – sonst könnte es eng werden.

Die Frankfurter Klassiker, die im Sommer in unübersehbaren Mengen und mit erstaunlicher Geschwindigkeit von der Küche in den Innenhof geschleppt werden, gibt es natürlich auch im Winter: Rippchen mit Kraut zum Beispiel. Oder Tafelspitz mit Wurzelgemüse, Salzkartoffeln und grüner Soße, deftige Bratwurst mit Brot und Kraut, klassische Grie Soß' mit gekochten Eiern und Salzkartoffeln, Bernemer Schneegestewer und natür-

Im historischen Gewand: die Fensterläden

Ursprünglich ein Wehrturm: die Friedberger Warte

lich Handkäs' mit Musik – ganz traditionell mit Brot und Butter oder als Dreierlei mit Musik, als Tartar und mit grüner Soße.

Wie überall in Stadt und Land steht auch in der „Friedberger Warte", die vor bald 550 Jahren ursprünglich als Wehrturm erbaut und schon seit 1815 als Apfelweinlokal betrieben wird, in den Wochen vor dem Fest Federvieh auf der Karte: Brust und Keule von der Gans, dazu Kartoffelklöße, Rotkraut und eine dunkle, gut abgeschmeckte Soße mit Maronen – Nachlegen inklusive. Ebenso zu empfehlen die deftige Rinderroulade und das Frankfurter Schnitzel mit grüner Soße. Zur Gans spricht der aufmerksame Service sogar eine Weinempfehlung aus – weil der Ebbelwoi zwar im Sommer eine wunderbare Erfrischung ist, zum Braten aber einfach nicht passen will. Also gibt es ein Glas Spätburgunder. An solchen Kleinigkeiten merkt man am ehesten, dass die „Warte" inzwischen vom Best-Western-Hotel auf der gegenüberliegenden Straßenseite betrieben wird und trotz ihrer Eigenständigkeit vom professionellen Hotelbetrieb profitiert.

EMPFEHLUNG:

Im Winter gibt es in der Warte ein sensationelles Hirschgulasch, ganz klassisch mit Wacholderrahmsoße, Kartoffelklößen, Rotkraut und Preiselbeerbirne.

BRAUWERK

Saline Karlshalle 11
55543 Bad Kreuznach
Telefon 0671-29843330
www.brauwerk.info
brauhaus@brauwerk.info

Öffnungszeiten: Täglich von 10 bis 23 Uhr, freitags und samstags bis 1 Uhr.

Parken: Direkt am „Brauwerk" gibt es einen großen Parkplatz.

Biergulasch und viel gesunde Luft

Ein bisschen Sonne, milde Temperaturen und ein Nachmittag ohne Termine: Das sind die besten Voraussetzungen für einen ausgedehnten Spaziergang durch das Salinental in Bad Kreuznach. Hört sich nach Rentnervergnügen an? Nach Kurbad-Romantik? Asthmatikertreffen? Wer so redet, der hat ihn noch nie gesehen, diesen einzigartigen Park direkt an der Nahe, der als Europas größtes Freiluftinhalatorium gilt. Ein Gradierwerk reiht sich dort an das nächste, und ohne Pause rieselt Sole an den neun Meter hohen Heckenwänden herab. Wer vor ihnen auf und ab marschiert, merkt schnell, dass man nicht an die Nordsee fahren muss, um gesunde Luft zu atmen. Umso besser,

Braukunst: die Biere des Hauses

dass das Salinental noch einen weiteren Anziehungspunkt hat: das „Brauwerk".

Direkt am Eingang zum Park steht dieses zeitgemäße Brauhaus wie ein Raumschiff aus Holz und Glas. Auf hohen Stelzen, weil der Nahe nicht zu trauen ist und die Bierproduktion auch bei Hochwasser weitergehen soll. Der Architekt hat ganze Arbeit geleistet, der moderne Bau passt sich bestens in die gewachsene Struktur des Salinentals ein. Helles, Dunkles, Weizen und ein paar Saisonbiere werden in den Wirtschaftsräumen gebraut und in den lichtdurchfluteten Gasträumen, auf der Dachterrasse und im Biergarten serviert. Dazu gibt es nicht nur das hausgemachte Bierbrot mit verschiedenen Belägen, sondern noch allerlei andere Deftigkeiten von Spundekäs' und Wurstsalat bis Jägerschnitzel und Biergulasch. Eine besonders schöne Bierbegleitung sind

Lichtdurchflutet: die Dachterrasse

Entspannend: der Biergarten

dabei die „Brauwerk-Tapas", schmackhafte Happen, die in kleinen Gläschen auf den Tisch kommen. Das alles ist nicht nur etwas für Rentner und Asthma-Kranke, sondern auch für die ganze Familie. Die Gradierwerke müssen von November bis März wegen Frostgefahr zwar außer Betrieb genommen werden, das „Brauwerk" aber bleibt auch im Winter geöffnet.

EMPFEHLUNG:

Wer das „Salinenbräu Dreierlei" bestellt, bekommt ein kleines Holztablett mit drei Probiergläsern der Biere des „Brauwerks" serviert. Wenn gerade ein Saisonbier im Ausschank ist, gibt es ein viertes Glas dazu. Das ist eine gute Möglichkeit, sich durch das Sortiment zu trinken, ohne die Kontrolle zu verlieren.

LANDGASTHOF ROTE MÜHLE

Rote Mühle 1
65812 Bad Soden am Taunus
Telefon 06174-3793
www.landgasthof-rote-muehle.de
info@landgasthofrotemuehle.de

Öffnungszeiten: März bis Oktober täglich von 12 bis 23 Uhr, November bis Februar montags geschlossen.

Parken: Direkt vor dem Landgasthof befindet sich ein großer Parkplatz.

Idylle am Liederbach

Sie sind sich so nahe – und doch so verschieden. Bad Soden und Kelkheim sind ein bisschen wie ungleiche Schwestern: Die eine hat es früh zu Wohlstand gebracht, die einträglichen Solequellen haben aus ihr eine Kurstadt mit schönen Parks und schmuckem Stadtkern gemacht. In der anderen hat das Handwerk den sprichwörtlich goldenen Boden, Schreiner und Möbelfabrikanten haben in den vergangenen 150 Jahren das Bild des Städtchens geprägt. Die Frankfurter haben sich seit jeher mit beiden Schwestern gut verstanden: Aus Kelkheim bezogen sie ihre Einrichtung, nach Bad Soden fuhren sie zur Entspannung.

Heute ist es vor allem der sogenannte Naherholungswert, der die Großstädter am Wochenende in den Vordertaunus strömen

Voller Ausflügler: der Garten

lässt. Mit Fahrrädern und Wanderschuhen durchstreifen sie die Wälder, lassen ihre Hunde über die Wiesen laufen und ihre Kinder an den Bachläufen spielen. Auch zahlreiche Lokale locken die Ausflügler in die Idylle, ein besonders beliebtes Ziel ist die „Rote Mühle" im Liederbachtal. Wenn die Sonne scheint, ist im Garten dieses traditionsreichen Landgasthofs kaum ein Platz zu bekommen. Eigentlich heißt das Anwesen Beidenauer Mühle nach dem Dorf Bidinowa, das einst an dieser Stelle lag und im 12. Jahrhundert erstmals urkundlich erwähnt wurde. Erst die Ziegelsteine des viel später errichteten Fachwerkgebäudes gaben der Mühle den Beinamen „Rot".

Die meisten Gäste wandern zunächst durch den Wiesengrund des Liederbachs oder spazieren durch den Wald, bevor sie sich auf den Gartenmöbeln vor der Mühle niederlassen. Unter den

Namengebend: die roten Steine des Fachwerkbaus

Schönes Ensemble: die historischen Gebäude

großen Bäumen, die Kinder auf dem nur wenige Meter entfern-
ten Spielplatz fest im Blick, lässt es sich bestens aushalten. Und
wenn die Bedienungen angesichts des Ansturms der Durstigen
und Hungrigen nicht gerade aus dem Tritt kommen, bringen
sie Radler, Ebbelwei vom Fass und zahllose Kännchen Kaffee
an die Tische. Dazu gibt es hausgemachten Kuchen vom Blech:
Apfelstreusel, Kirschstreusel und Käsekuchen. Wer es deftiger
mag, bestellt Handkäs' mit Musik, Hackbraten mit Zwiebeln
und Bratkartoffeln oder geräucherte Taunusforelle – auch wenn
sie wohl kaum aus dem Liederbach stammt.

EMPFEHLUNG:
Je nach Saison wird die Karte erweitert. Besonders gut sind die
Wildgerichte und in den Wochen vor Weihnachten die Martins-
gänse.

FELDBERGHOF

Großer Feldberg 5
61389 Schmitten
Telefon 06174-92340
www.feldberghof.com
info@feldberghof.com

Öffnungszeiten: Im Sommer (April bis Oktober) täglich von 11 bis 22 Uhr, sonn- und feiertags von 10 Uhr an; im Winter (November bis März) täglich von 11 bis 18 Uhr, sonn- und feiertags von 10 Uhr an.

Parken: An der Zufahrt zum Gipfel gibt es zahlreiche Parkplätze, allerdings sind die bei schönem Wetter schnell belegt.

„Schbezialidääde" mit Aussicht

Die wahren Helden stehen am Rande. Sie tragen enge Hosen und bunte Hemdchen und saugen erschöpft aus ihren Trinkflaschen. Der erste Blick aber fällt auf die Männer in Leder. Sie sitzen auf den Steinen an der Straße und stellen stolz ihre Maschinen zur Schau. Zu Hunderten kommen sie an sonnigen Tagen auf den Feldberg, manchmal gibt es vor lauter Motorradfahrern gar kein Durchkommen mehr. Dann bleibt kaum Platz für jene, die auf ihren Gipfelsturm wirklich stolz sein können – und sich auch die Einkehr im „Feldberghof" redlich verdient haben.

Mit Fernblick: die Terrasse

Dort sitzen die ermatteten Wanderer und die bunten Radfahrer dann einträchtig neben den motorisierten Gästen an rustikalen Holztischen und gönnen ihren geschundenen Körpern kalte Erfrischungen und deftige Stärkungen. Im Gastraum herrscht an Wochenenden immer Betrieb, bei Sonnenschein natürlich auch auf der Terrasse. Von der Theke kommen Pils und Weizen, Radler und Ebbelwoi an die Tische, aus der Küche riesige Teller mit Fleischkäs', Jägerschnitzel, Wild-Bratwurst oder hausgemachten Waffeln und Kuchen.

Egal, ob verdient oder nicht – die Sicht von hier oben ist grandios. An guten Tagen reicht sie weit über die Frankfurter Skyline hinaus bis in den Spessart. Aber auch die Küchenmannschaft trägt ihren Teil dazu bei, dass der Besuch auf dem Plateau in 881,5 Metern Höhe in guter Erinnerung bleibt. Statt sich

Lecker: Hausmannskost in 881,5 Meter Höhe

66

auf der exklusiven Lage auszuruhen, bietet die Betreiberfamilie Stürtz in ihrem „Feldberghof" beständig gute Hausmannskost und dreht obendrein noch so manches andere Rad: An Sonn- und Feiertagen wird in ihrer „Jausenstube" gebruncht, freitags gibt es frische Forellen aus Oberursel, und wer will, kann hier oben in Hessens höchstem Standesamt sogar heiraten und im großen Kreis feiern.

Die meisten Gäste allerdings bleiben nur für eine Stunde oder zwei und genießen die „Schbezielle Schbezialidääde" von der hessischen Karte. Eine gute Stärkung ist die Bratwurst vom Tau- nuswild „mit Bratkardoffele un em buntische Salätsche", und wer genug Appetit hat, sollte den Schweinebraten mit Dunkel- biersoße oder „Oma Anna's Linseneintopf mit Worscht" probie- ren. Damit ist man für den Rückweg zu Fuß oder mit dem Rad bestens gerüstet.

EMPFEHLUNG:

Jeden ersten Donnerstag im Monat in der Wintersaison lädt der „Feldberghof" ab 18 Uhr zum zünftigen Hüttenabend mit Ra- clette und Fondue ein.

GASTHOF ZUM RIESEN

Marktplatz 6
63500 Seligenstadt
Telefon 06182-3606
www.zumriesen-seligenstadt.de
info@zumriesen-seligenstadt.de

Öffnungszeiten: Montags bis freitags von 11 bis 15 Uhr und von 17 Uhr an, samstags und sonntags von 11 Uhr an.

Parken: Autofahrer haben es in der Seligenstädter Altstadt schwer. Einige Gehminuten vom Marktplatz entfernt gibt es jeweils ein Parkdeck an der Aschaffenburger Straße und an der Ecke von Jahnstraße und Grabenstraße.

Apfelweinwürste im historischen Haus

Die Grenze ist nur ein paar hundert Meter entfernt. Auf der anderen Seite des Mains ist schon bayerisches Hoheitsgebiet. Aber hier, am historischen Marktplatz von Seligenstadt, im Gasthof „Zum Riesen", steht man fest auf hessischem Boden. Hier wird zwar auch Bier ausgeschenkt, und es gibt sogar Leberknödelsuppe. Viel lieber aber servieren die Wirtsleute ihren Gästen Apfelwein, Handkäs', Grie Soß und Rippchen mit Kraut. Nicht von ungefähr steht auf einer kleinen Tafel neben der Tür „Deutsche Küche mit hessischer Note".

Unschlagbar: „Omas Rinderroulade"

Der Gasthof „Zum Riesen" steht im Zentrum der Fachwerk-
stadt am Main und kann auf eine lange Tradition zurückblicken.
Im 16. Jahrhundert wurde er zum ersten Mal urkundlich erwähnt, 1724 ist das historische Haus errichtet und 1823 nach einem Brand wieder aufgebaut worden. Auf ihrem Weg von Augs-
burg und Nürnberg zu den Frankfurter Messen kamen damals
viele Kaufleute durch Seligenstadt und logierten im Gasthof, begleitet wurden sie von Geleitsreitern, die ihnen Schutz gaben
und auf die das heute noch alle vier Jahre gefeierte Geleitsfest
zurückgeht. Noch immer zieren im Gastraum des „Riesen" alte
Wandmalereien und Sprüche aus dieser Zeit die Wände, und die
Zimmer für Übernachtungsgäste heißen noch „Fremdenzim-
mer" und nicht Juniorsuiten oder sonstwie gestelzt. Das Haus ist
seit 1998 im Besitz der Seligenstädter Privatbrauerei Klein, die
am anderen Ende der Altstadt ihre Brauspezialitäten ausschenkt.
Im „Riesen" aber gibt es nach wie vor das Bier von der benach-

Hessische Note: die alte Gaststube

barten Glaabsbräu. Tradition ist nun einmal Tradition.

Der Apfelwein – neun Sorten inklusive einem alkoholfreien und zwei Sekten – kommt von der Kelterei Jörg Stier in Maintal-Bischofsheim und passt bestens zu den hessischen Klassikern auf der Speisekarte. Zum mit Schinken und Handkäs' gefüllten „Hessischen Cordon Bleu" zum Beispiel. Oder zum Wurstsalat mit Apfelweindressing, zu den Apfel-

Im Zeichen des Riesen

weinbratwürsten mit Kraut, zum gebackenen Handkäs' mit roter Zwiebelmarmelade. Oder zu „Goethes Leibspeise", sprich Tafelspitz mit Grüner Soße und Salzkartoffeln. Das alles wird Tag für Tag mit spürbarer Routine zubereitet und in der Gaststube oder bei schönem Wetter auch vor dem Haus direkt am Marktplatz serviert. Einen schöneren Platz gibt es in Seligenstadt kaum – und drüben in Bayern schon gar nicht.

EMPFEHLUNG:

„Omas Rinderroulade" ist mit Rauchspeck, Zwiebeln, Senf und Gurken gefüllt, wird mit Kartoffeln und bissfestem Apfelrotkraut serviert und schmeckt tatsächlich wie bei Großmutter zu Hause. Ehrenwort.

BRAUHAUS CASTEL

Otto-Suhr-Ring 27
55252 Wiesbaden
Telefon 06134-24999
www.brauhaus-castel.de
info@brauhaus-castel.de

Öffnungszeiten: Montags bis donnerstags von 11 bis 23 Uhr, freitags und samstags von 11 bis 24 Uhr, sonntags von 10 bis 23 Uhr.

Parken: Direkt am Brauhaus gibt es einen Parkplatz für Gäste.

Schweinshaxe und Hausgebrautes

Die Amerikaner am Nebentisch sind begeistert. Genau so haben sie sich Deutschland vorgestellt. Staunend lassen sie die Blicke schweifen, schauen gleich am Eingang in das Sudhaus und freuen sich dann in der „Schwemme" nebenan über die üppige Dekoration an den Wänden und die rustikale Weichholzmöblierung. „Magnificent" ist in ihren Augen auch die breite Holztheke, und die Bedienung finden sie „very pretty". Dass dieses Ambiente viel mit München, aber wenig mit Wiesbaden zu tun hat,

Zünftig: ein Stück Bayern in Wiesbaden

das stört die Gäste aus Übersee nicht. Sie genießen ihr Essen im „Brauhaus Castel" von der ersten bis zur letzten Minute.

Und sie sind nicht die einzigen. Nicht die einzigen Amerikaner. Und nicht die einzigen Gäste, die hier immer wieder die bayerische Gastlichkeit suchen – und finden. In der großen amerikanischen Militär-Community in Wiesbaden hat das Brauhaus, das im heute zur hessischen Landeshauptstadt gehörenden Mainzer Vorort Kastel am Rande eines Gewerbegebietes liegt, einen legendären Ruf. Praktisch jeden Abend sitzen Soldaten und ihre Familien in der Gaststube und essen mit Hingabe Schweinshaxe, Nürnberger Rostbratwürstchen, Leberknödel und Schnitzel. Der eine oder andere lässt sich auch die regionalen Spezialitäten wie Mainzer Spundekäs', Frankfurter Grüne Soße oder „Himmel und Erd" schmecken – die überwiegende Zahl der (ame-

„Very pretty": der Biergarten

rikanischen und deutschen) Gäste aber will bayerisch genießen.

Getrunken wird dazu das süffige „Castel Hell", das starke „Castel Dunkel" oder das weiche „Castel Weizen". Mit Taunus-Quellwasser und Tettnanger Doldenhopfen gebraut und in Eichenholzbottichen gegoren, kommen diese Hausmacher-Biere naturtrüb, also ungefiltert, zum Ausschank – und lassen nicht nur amerikanische Industriebiere und ihren wässerigen

Ständig in Betrieb: die Kupferkessel der Brauerei

Einheitsgeschmack weit hinter sich. Je nach Jahreszeit kommen außerdem verschiedene „Saisonbiere" aus den Zapfhähnen, vom Märzen über das Festbier bis zum Winterbock. Und gefeiert wird auch: der alljährliche „Märzenbieranstich", der „Maibockanstich" und natürlich das „Oktoberfest" – zünftig mit Schlachtfest, Blaskapelle und Tanz. Das lieben nicht nur die Amerikaner.

EMPFEHLUNG:

Alle Biere des Hauses gibt es auch für zuhause: In Kisten und unterschiedlich großen Fässern können die Gäste Helles, Dunkles, Weizen oder eine der Spezialitäten wie das zur Fastnacht gebraute Narren-Pils oder den berühmten Doppelbock „Castelator" für den Genuss daheim erstehen.

DAHEIM IM LORSBACHER THAL

Große Rittergasse 49
60594 Frankfurt
Telefon 069-616459
www.lorsbacher-thal.de
info@lorsbacher-thal.de

Öffnungszeiten: Montag bis Freitag von 17 bis 24 Uhr, Samstag und Sonntag 11 bis 24 Uhr.

Parken: Nur wenige Gehminuten entfernt befindet sich das Parkhaus Alt-Sachsenhausen an der Walter-Kolb-Straße.

Rippchen und Sternrenette

Im Keller gluckert und blubbert es vor sich hin. Die bräunliche Flüssigkeit, die hier gärt, ist Ebbelwoi, das Frankfurter Nationalgetränk – oder eine Vorstufe davon. Hier keltert Frank Winkler seinen Hausschoppen, den er in ein paar Wochen seinen Gästen anbieten wird, ein Stockwerk höher im Gastraum des „Lorsbacher Thal" im Herzen von Alt-Sachsenhausen. Winkler hat das traditionsreiche Lokal vor ein paar Jahren zusammen mit seiner Frau Pia gepachtet, behutsam renoviert, und mit dem Zusatz „Daheim im" versehen – und mit einer Küchenmannschaft ausgestattet, die ihr Handwerk versteht.

Im Apfelwein-Himmel: die Theke des Hauses

Die Karte wechselt mit den Jahreszeiten. Außer Klassikern wie Grüner Soße, Schäufelchen oder Tafelspitz gibt es im Winter zum Beispiel Gans und Ente – im Haus vorbereitet, gebraten und zerlegt. „Keine Fertigprodukte, keine Fritteuse, keine Tricks", sagt Winkler. Und darum werden die Schnitzel nicht in Öl, sondern selbstverständlich in Butterschmalz gebraten. Darum wird der Rotkohl für die Gänsekeulen und -brüste noch selbst geschnippelt und eingekocht. Und darum stehen drau-

Einzigartig: die Probierstube im Keller

ßen säckeweise Kartoffeln für den hausgemachten Stampf, der zu Rippchen, Rinderleber oder Bauernbratwurst serviert wird, und für die Bratkartoffeln, die es zur Grillhaxe, zur Sülze oder zu „Oma Evas Berliner Bulette." gibt.

Das alles ist traditionelle deutsche Küche im besten Sinne. Nicht nur den Schnitzeln und dem Kartoffelstampf ist die gute Behandlung, die ihnen in der Küche zuteil wird, anzumerken. Auch die saisonal wechselnden Salate und die Vorspeisen, die hier nicht zeitgeistig „Hessen-Tapas", sondern schlicht und einfach Häppchen heißen, sind stets frisch und grundsolide zubereitet. In viel zu vielen Frankfurter Traditionslokalen ist das längst nicht mehr der Fall.

Der wahre Schatz, der das „Daheim im Lorsbacher Thal" von anderen Wirtschaften abhebt, aber ist die größte Ebbelwoi-Karte der Stadt: Außer ihrem Hausschoppen, der im Keller dem Glas entgegenblubbert, haben die Winklers eine unglaubliche Auswahl an Apfelweinen im Programm, deutsche ebenso wie französische, spanische, britische, und sogar finnische und japanische. Statt im Gerippten werden diese Spezialitäten im Weinglas serviert – und sie haben das Zeug, auch Skeptiker von den Vorzügen des Frankfurter Nationalgetränks zu überzeugen.

EMPFEHLUNG:

Eine wunderbare Gelegenheit, um die Vielfalt des Apfelweins kennenzulernen, sind die Ebbelwoi-Proben, die die Winklers jeden Dienstag anbieten. Dabei werden den Gästen zu unterschiedlichen Häppchen die passenden Apfelweine serviert, und der Hausherr führt sie durch den Keller.

WASEMS
KLOSTER ENGELTHAL

Edelgasse 15
55218 Ingelheim
Telefon 06132-2304
www.wasem.de
kloster@wasem.de

Öffnungszeiten: Montags bis samstags von 17 Uhr an, sonntags von 12 Uhr an, mittwochs geschlossen.

Parken: Hinter dem Gebäude-Ensemble gibt es auf dem Anwesen einen großen Parkplatz mit zahlreichen Stellplätzen.

Wachtelbrüste
hinter alten Mauern

Mancher Gast kommt nur für den Spundekäs'. Wenn der in Form von drei großen Nocken mit einem Schälchen Salzbrezelchen auf dem Tisch steht und der Kellner anschließend noch ein Glas Riesling oder – noch besser – den saftig-frischen Spätburgunder-Rosé bringt, dann ist das Glück schon perfekt. Stundenlang könnte man dann auf der Terrasse im schönen Innenhof von Kloster Engelthal sitzen, sich fröhlich unterhalten und den lauen Sommerabend in vollen Zügen genießen. Die meisten Gäste belassen es in dem wunderbar hergerichteten, denkmalgeschützten Gebäude-Ensemble am Rande von Ingelheim allerdings nicht bei der rheinhessischen Leckerei, sondern genießen auch klassische, aber modern interpretierte Gerichte

Urgemütlich: der Innenhof

wie die Kalbszunge in Dijon-Senf-Soße, die Kalbsleber mit Apfelkompott, den Zander auf Rieslingkraut oder die Wachtelbrüste mit lauwarmem Linsensalat mit Wildkräutern. Wohl fühlen sie sich alle bei Familie Wasem, die das einstige Zisterzienserkloster mit viel Aufwand und einem beeindruckenden Mix aus historischer Bausubstanz und moderner Architektur zu einem der schönsten Anlaufpunkte in der Gegend gemacht hat.

Die Wasems sind eine Winzerfamilie aus Ober-Ingelheim, die sich inzwischen in Mannschaftsstärke in dem in den vergangenen Jahren immer weiter ausgebauten Familienbetrieb engagiert: Die Brüder Holger und Burkhard Wasem leiten das Weingut in dritter Generation, die Ehefrauen Karin und Ilona führen die Gastronomie und das Hotel, und die Söhne und Töchter sind längst ebenfalls mit von der Partie. Im mit großem Aufwand restaurierten und erweiterten Klosterkomplex gibt es außer dem Restaurant, das im alten Kreuzgewölbe untergebracht ist, noch

Köstlich: Linsensalat mit Wachtelbrust und Spundekäs mit Brezeln

Treffpunkt: das Restaurant im alten Kreuzgewölbe

eine ganze Reihe von anderen Räumlichkeiten, vom eher persönlichen Barriquekeller bis zur großen Scheune, die für Feiern, Tagungen und alle möglichen anderen Veranstaltungen einen stilvollen Rahmen bieten. Auch Hochzeitspaare und ihre Gäste finden deshalb immer wieder den Weg nach Ober-Ingelheim und genießen die gelungene Kombination von niveauvoller Regionalküche und anspruchsvollen Rheinhessen-Weinen – und das nicht nur im Sommer, wenn die schönsten Plätze im Innenhof schnell besetzt sind.

EMPFEHLUNG:
Jeden Sonntag und an Feiertagen gibt es bei Wasems den „Kloster-Brunch" mit einem großen Frühstücksbuffet und verschiedenen warmen Speisen – vor allem zu Ostern und Weihnachten sehr beliebt bei Familien.

WEINSTUBE IM RÖMER

Römerberg 19
60311 Frankfurt
Telefon 069-291331
www.weinstube-roemer.de
service@weinstube-roemer.de

Öffnungszeiten: Dienstags bis freitags von 16 bis 23 Uhr, samstags und sonntags von 11.30 bis 23 Uhr, montags geschlossen.

Parken: Direkt unter dem Römerberg bietet das Parkhaus Dom-Römer zahlreiche Stellplätze. Die Einfahrt befindet sich an der Domstraße.

Grüne Soße und Lohrberg-Riesling

Der Onkel aus Zeeland ist begeistert. In Frankfurt ist er schon einige Male gewesen. Auf der Durchreise, auf der Messe und natürlich am Flughafen. Von der Stadt hat er aber heute zum ersten Mal ein bisschen mehr gesehen. Vom Maintower aus hat er zusammen mit der Tante auf das Häusermeer und den Main geblickt, hat dann das Goethe-Haus und die Paulskirche bestaunt und schließlich die Kleinmarkthalle ins Herz geschlossen. Und jetzt steht er auf dem Römerberg und hat Hunger. Frankfurter Würstchen sollen es sein. Natürlich.

Mitten in der Stadt: der Frankfurter Römerberg

In der „Weinstube im Römer" ist an diesem Samstagmittag noch reichlich Platz – und die Überraschung beim Eintreten einigermaßen groß: An den rustikalen Tischen sitzen nicht nur Amerikaner, Japaner und Russen, sondern vor allem Einheimische, die munter durcheinander babbeln und die Gäste aus Südholland kaum zur Kenntnis nehmen. So haben sich Onkel und Tante deutsche Gastlichkeit vorgestellt: braune Fliesen, viel dunkles Holz, wuchtige Tische und Stühle, rustikale Dekoration, traditionelle Gemütlichkeit. Auch die Karte erfüllt ihre Erwartungen: Dort sind vom Rippchen mit Sauerkraut über Tafelspitz und Schweinshaxe bis zu Jägerschnitzel und Fleischkäse alle möglichen deftigen Klassiker versammelt. Von dem Touristennepp, den man an dieser prominenten Stelle in der Stadt durchaus erwarten könnte, gibt es nicht die geringsten Anzeichen. Im Gegenteil: Die Portionen sind üppig, die Preise vollkommen angemessen, die Bedienung ist freundlich und zugewandt – und die Qualität der Speisen mehr als solide.

Im Zeichen des Adlers

Der Onkel aus Zeeland lässt auf die Frankfurter Würstchen nichts kommen, auch der dazu servierte Kartoffelsalat schmeckt ihm. Die Tante probiert die „Frankforter Häppcher", drei Kleinigkeiten, die auf einem schmalen Teller mit drei Vertiefungen serviert wer-

International: die Gäste der Weinstube

den. Von der Grünen Soße mit Ei und dem Würstchenspieß mit Kartoffelsalat lässt sie sich überzeugen, der Handkäs mit Musik bekommt keine zweite Chance. Dazu trinken die beiden jeweils ein Glas halbtrockenen Riesling vom Lohrberger Hang und sind im Grunde erleichtert, dass es in der „Weinstube im Römer" keinen Ebbelwoi gibt. „Ach, den können wir ja beim nächsten Mal probieren", sagen sie. Und das heißt wohl, dass sie bald wieder vorbeikommen.

EMPFEHLUNG:

Wer in der „Weinstube im Römer" mit Gästen von außerhalb einkehrt, kommt gar nicht daran vorbei: Nur ein paar Schritte entfernt entsteht gerade die neue Altstadt, der historische Kern Frankfurts. Den muss man einfach gesehen haben.

BOCKSHAUT

Kirchstraße 7-9
64283 Darmstadt
Telefon 06151-99670
www.bockshaut.de
info@bockshaut.de

Öffnungszeiten: Montag bis Donnerstag von 12 bis 14 Uhr und von 18 bis 22 Uhr, Freitag und Samstag von 12 bis 14.30 Uhr und von 18 bis 22.30 Uhr, Sonn- und Feiertag von 12 bis 15 Uhr und von 18 bis 22 Uhr.

Parken: Parkplätze sind in der Darmstädter Innenstadt Mangelware – Parkhäuser nicht. Dem Marktplatz am nächsten liegt die Justus-Liebig-Garage an der Holzstraße, aber auch das Parkhaus Ludwigplatz an der Hügelstraße ist nur ein paar Gehminuten entfernt.

Datterichtoast im historischen Haus

Der Wein braucht ein bisschen Zeit. Aber wenn die Stöcke erst einmal in vollem Saft stehen, dann legen sie ihr dichtes Blätterwerk wie ein grünes Tuch über den Innenhof und machen ihn zu einem der lauschigsten Plätze in Darmstadt. Vor den ärgsten Sonnenstrahlen geschützt, sitzen die Gäste dann an den Tischen, trinken einen Schoppen Apfelwein oder einen Riesling von der nahen Bergstraße und freuen sich des Lebens. So wie es schon Generationen vor ihnen in diesem wahrhaft historischen Gasthaus getan haben.

Tradition: 1795 wurde das Gasthaus eröffnet

89

Die „Bockshaut" ist eine Institution in Darmstadt. Seit mehr als 200 Jahren werden in dem Haus in unmittelbarer Nähe des Marktplatzes Gäste bewirtet. Der Name allerdings geht auf eine frühere Nutzung zurück: Zunächst 1580 als Pfarrhaus für die Stadtkirche errichtet, wurde das Gebäude später als Gerberei genutzt – und das Zunftzeichen, die Haut des Bockes, avancierte zur Bezeichnung für die 1795 eröffnete Gaststätte und das später angeschlossene Hotel.

Reiner Heiß weiß um diese Tradition. Mit seinem Team setzt der heutige Inhaber ganz auf die Geschichte seines Hauses. Vor einigen Jahren ist er dafür sogar mit dem Bundespreis „Historisches Wirtshaus" belohnt worden. Wie zu Zeiten Datterichs, des Helden der berühmten Darmstädter Lokalposse, präsentieren sich die Räume der „Bockshaut" auch heute noch: mit biedermeierlicher Möblierung, bunten Bleiglasfenstern, vielen alten Bildern und zahllosen Accessoires. Und auch bei den angebotenen Speisen geht es bei Reiner Heiß ganz klassisch zu: deutsche und hessische Hausmacherkost dominieren die Karte, vom traditionellen Schweinebraten über Schnitzel, Bratwurst und Rinderroulade bis zum Frankfurter Tellerfleisch mit Grüner Soße.

Der Bock weist den Weg

Historisch: die „Datterich Abbelwoi Stubb"

Zudem werden saisonale Spezialitäten wie Griesheimer Spargel, Pilze, Kürbis, Gänse und Wild in allerlei Variationen angeboten. Und für die wahren Darmstädter unter den Gästen gibt es dann ja auch noch den „Datterichtoast", mit Pfifferlingen und Käse überbackene Schweinelendchen auf Kastenweißbrot. Diesen in der nach dem alten Schnorrer benannten „Datterich Äbbelwoi Stubb" der „Bockshaut" zu verspeisen und dazu einen schön sauren Apfelwein zu trinken, ist denn auch fast schon ein historischer Akt.

EMPFEHLUNG:

Ein echtes Erlebnis sind die Abende mit „Geschwätz vom Wirt zur Hessischen Tafel in der Datterich Stubb", bei denen die Gäste nicht nur ordentlich schlemmen, sondern auch manches über Darmstadt und die Darmstädter erfahren können.

GASTHAUS RUDOLPH

Alt-Niederhofheim 30
65835 Liederbach/Taunus
Telefon 06196-23640
www.gasthaus-rudolph.de
info@gasthaus-rudolph.de

Öffnungszeiten: Montags, mittwochs, donnerstags, freitags und samstags von 16 Uhr an, sonntags von 11 Uhr an, dienstags geschlossen.

Parken: Hinter dem Haus, am Eingang zum Biergarten gibt es einen großen Parkplatz, der über die Staufenstraße zu erreichen ist.

Gänsebraten und Ebbelwoi

Die Herrschaften am Nachbartisch unterhalten sich prächtig. Sie sind nicht zum ersten Mal hier, wissen als Stammgäste genau, was sie essen möchten, und reden den ganzen Abend so aufgeregt durcheinander, dass es eine Freude ist. Nur der Herr mit dem roten Pullover hat seine Schwierigkeiten: „Ei Berni, mach net so laut, isch hab mei Hörgerät grad neu eigestellt." Allgemeine Heiterkeit, allgemeines Anstoßen. „Noch en Vierer", ruft einer aus der Runde, und ein paar Augenblicke später steht der nächste Bembel auf dem Tisch. Die meisten anderen Gäste an diesem Abend bringen nicht so viel Stimmung in die Gaststube. Aber auch sie lassen sich vor allem den Gänsebraten schmecken. Der ist im „Gasthaus Rudolph" in Liederbach traditionell von bester Qualität – und wird in den Wochen vor Weihnachten besonders oft bestellt. Frisch aus dem Ofen kommen jeweils Brust und Keule auf die Teller, dazu gibt es einen gefüllten Bratapfel, Rotkohl und Kartoffelklöße. Auf Vorbestellung wird für vier Personen auch eine ganze Gans am Tisch tranchiert.

Einladung zum Selbstgekelterten

Aber Gänse und Enten sind nicht die einzige Spezialität der Familie Batz. Vor al-

93

Gemütliche Einkehr: die Gaststube

lem im Sommer kommen die Leute wegen des selbstgekelterten Taunus-Ebbelwoi in ihr Gasthaus, mit seiner fast 400 Jahre alten Geschichte. Der Riesenbembel auf der Theke und die Motive der Bleiglasfenster zeugen davon, dass der Apfelwein hier einen besonderen Stellenwert hat. Zum Stöffche passen die Klassiker der Speisekarte: das Frankfurter Schnitzel mit Grüner Soße und Bratkartoffeln, die gekochte Ochsenbrust mit Grüner Soße und Dampfkartoffeln und natürlich der stinknormale, gut gereifte Handkäs' mit Musik. Sehr beliebt bei den Gästen ist aber auch das „Rudolphs Brotzeit-Brett": eine üppige Portion mit Land-brot, verschiedenen Wurstsorten, Käse, Ei, Zwiebeln, Gurke, Salat, Butter – und einem Korn. Wer hier finessenreiche Koch-kunst erwartet, wird enttäuscht. Aber wer sich an solider Rusti-kalität erfreuen kann, der kommt bestimmt wieder.

So wie die gutgelaunten Herrschaften am Nachbartisch. Die rüsten sich allerdings gerade zum Aufbruch. „Mensch, Euer Hermann is heut aber wieder still", sagt eine der Damen. „Ach, der is nur müd," entgegnet ihre Freundin und gibt dem großen schwarzen Hund unter dem Tisch einen Klaps. „Aber jetzt gehn wir, gell Hermann."

EMPFEHLUNG:
Den Rudolph-Ebbelwoi muss man probiert haben – und dazu unbedingt die gebratenen Blutwurstscheiben mit Apfelwein-kraut und Bratkartoffeln essen.

BREUER'S
RÜDESHEIMER SCHLOSS

Steingasse 10
65385 Rüdesheim
Telefon 06722-90500
www.ruedesheimer-schloss.com
info@ruedesheimer-schloss.com

Öffnungszeiten: Täglich von 11 bis 24 Uhr.

Parken: Für Hotelgäste gibt es ein paar Plätze direkt am Haus, ansonsten kann sich die Parkplatzsuche in Rüdesheim schwierig gestalten – vor allem in der Saison. Der nächstgelegene öffentliche Parkplatz liegt an der Rheinstraße.

Wildschweinragout
an der Drosselgasse

Um diese kleine Gasse machen die Einheimischen einen Bogen. Es sei denn, sie arbeiten in einem der Lokale oder Läden an der Rüdesheimer Drosselgasse. Oder ihr Ziel ist das Gasthaus der Familie Breuer. Denn mitten im Herzen der kommerzialisierten Weinseligkeit, dort, wo in den Sommermonaten jeden Tag tausende Amerikaner, Japaner und andere Touristen aus aller Welt von einem Weinstübchen zum nächsten Souvenirshop schlendern, billige, süße Weine trinken und überteuerte, derbe Mahlzeiten zu sich nehmen, dort ist das „Rüdesheimer Schloss" die große Ausnahme. Statt des üblichen Touristen-Einerlei bietet es stilvolle Gastlichkeit, beste Hausmannskost und eine erstklassige Auswahl an guten Weinen.

Stilvolle Gastlichkeit: Tische im „Rüdesheimer Schloss"

Seit mehr als einem halben Jahrhundert betreibt die Familie Breuer nicht nur eines der bekanntesten Weingüter der Region, sondern auch ihr Weingasthaus und -hotel in der Rüdesheimer Altstadt. Das Geheimnis ihres Erfolges sind das aufmerksame Personal und die kontinuierliche Qualität der Speisen. Dabei kommen aus der Küche keine Sterne-Kreationen, sondern bodenständige, einfache Kost – die aber vom Feinsten. Viele Produkte kommen aus der Umgebung: die Forellen aus dem Wispertal zum Beispiel, die zart geräuchert oder in Butter gebraten auf den Tisch kommen. Oder das Wildfleisch, das ein Metzger aus Presberg liefert und das vor allem in den Wintermonaten als Braten, Ragout oder in Form wunderbar würziger Wildbratwürste mit Wirsing und Kräuter-Speck-Püree serviert wird.

Im Sommer, wenn sich im schattigen, rebenumwachsenen Innenhof die Gäste drängeln und die Hauskapelle spielt, haben vor allem die üppigen Salate, die großen Schnitzel, die fast schon legendäre Riesling-Käsesuppe mit Blattspinat, die Ochsenbrust mit Grüner Soße und die als „Hessisch Tapas" bezeichneten, regionalen Happen Hochkonjunktur. Das alles hat eine bewusst rustikale Note und passt sehr gut zu den schlichteren der Breuer'schen Weine. Für echte Weinliebhaber hält der Service aber auch eine Raritäten-Weinkarte bereit, auf der sich gut 300 Tropfen aus dem Rheingau finden – trockene Lagen-Weine, Auslesen, Beerenauslesen und Trockenbeerenauslesen aus fast allen Jahrgängen seit 1929.

EMPFEHLUNG:

Die „Schloss Ente" wird nach Art der Benediktinermönche zubereitet, sprich mit Datteln und Feigen gefüllt, im Ofen knusprig gebraten und mit viel Soße serviert.

Lichtblick in der Drosselgasse: das Haus der Familie Breuer

MARKTHAUS
AM WILHELMSPLATZ

Bieberer Straße 9b
63065 Offenbach
Telefon 069-80101883
www.markthaus-am-wilhelmsplatz.de
info@markthaus.eu

Öffnungszeiten: Täglich von 10 bis 24 Uhr, an Markttagen dienstags, freitags und samstags von 9 Uhr an.

Parken: Wenn kein Markt ist, steht der halbe Wilhelmsplatz zum
Parken zur Verfügung. Ansonsten ist die Tiefgarage im City Tower
an der Berliner Straße nur ein paar Gehminuten entfernt.

Handkäs'-Tatar am Wilhelmsplatz

So ähnlich muss es im Himmel sein: Die Zeit steht still, die Leut' babbeln, wie ihnen der Schnawel gewachse is, die Kellnerin bringt ene Schobbe nach dem aneren – und aus der Küch' kommt nix als Handkäs'! Mit Brot und Butter, mit Musik, als Tatar, paniert und gebacken, als Salat mit Äpfeln und Nüssen und weiß Gott, in welchen Variationen man die kleinen Stinker noch zubereiten kann. Das gibt es nur im Handkäs'-Himmel. Und in seiner irdischen Dependence, im „Markthaus" in Offenbach. Dort haben sie auf der Speisekarte sogar eine eigene Rubrik mit der hessischen Nationalspeise – vom traditionellen Bauernhandkäs' bis zu den oberhessischen Handkäs'-Spatzen.

Dass dieses himmlische Angebot ausgerechnet in „Offebach" gemacht wird, dürfte manchem Frankfurter schwer im Magen

Tradition: Steingut auf der Terrasse

liegen. Aber das „Markthaus am Wilhelmsplatz" ist eine Institution, die über die Stadtgrenzen hinaus – gewissermaßen gesamt-hessische – Anerkennung verdient. Vor 100 Jahren als Unterstand und Geräteschuppen für die Beschicker des Offenbacher Wochenmarktes erbaut, beherbergt das Gebäude mit dem Uhrtürmchen auf dem Dach seit Mitte der achtziger Jahre einen gastronomischen Betrieb. Und Jörg und Eric Münch, die das Haus seit September 2002 führen, haben aus dem kleinen Lokal eine Art Offenbacher Wohnzimmer gemacht, in dem Stammgäste mit Namen begrüßt und Fremde zunächst beäugt, dann aber mit offenen Armen aufgenommen werden. Hier trifft man sich an Markttagen zum Frühstück und zum Mittag, hier wird in den Mai getanzt, sonntags regelmäßig zur Jazz-Matinee geladen und auf der Terrasse Kaffee getrunken.

Es ist angerichtet: Tatar vom Handkäs'

Zeitlos: der frühere Schuppen der Marktbeschicker

Überhaupt ist hier die Welt noch in Ordnung. Und das liegt nicht zuletzt an der Küche. Außer mit Handkäs' kennt man sich dort auch mit Fleisch aus, wie die Vogelsberger Kartoffelwurst und das – natürlich mit Handkäs' gefüllte – „Markthaus Cordon Bleu" sowie das – natürlich mit Handkäs' überbackene – „Markthaus Schnitzel" beweisen. Aber auch das Kräutersüppchen und die hausgemachten Rösti mit Räucherfisch sind nicht zu Unrecht bei den Gästen beliebt. Ausgeschenkt werden dazu Rothenbüchers Kahlgrund Schoppen, Erbacher Pils und sogar ein paar ordentliche Weine. Viel schöner kann es im Himmel auch nicht sein.

EMPFEHLUNG:

„Offebacher Stinker" – zwei panierte, gebackene Handkäs' mit Apfel-Meerrettich, Bauernbrot und Butter.

DIE SCHEUER

Burgstraße 12
65719 Hofheim
Telefon 06192-27774
www.die-scheuer.de
restaurant@die-scheuer.de

Öffnungszeiten: Dienstags bis samstags von 12 bis 14.30 Uhr und von 18 bis 23 Uhr, sonntags und montags geschlossen.

Parken: Rund um den Chinonplatz und im Parkhaus des Chinon Centers gibt es viele Stellplätze oder sie folgen der Beschilderung „Parkplatz Am Untertor", zur „Scheuer" sind es von dort nur einige wenige Gehminuten.

Feine Küche im Fachwerkbau

Kalbskotelett mit Schnittlauchsoße, Schluppen und Bratkartoffeln: Es ist ein schlichtes Gericht, ohne viel Beiwerk, ohne großen Zierrat. Aber es zeigt sehr gut, für welche Art von Küche Ralph Stöckle steht. Das dicke Stück Fleisch ist am Knochen perfekt auf den Punkt gebraten, die Soße fein abgeschmeckt und nicht zu dominant. Die Schluppen, sprich Frühlingszwiebeln, sind bissfest und aromatisch, die Kartoffeln schön knusprig. Da gibt es nicht mehr viel zu verbessern, und dass der Chef diesen Teller als Mittagstisch anbietet, spricht Bände.

Seit einem Vierteljahrhundert führen Ralph Stöckle und seine Frau Christiane „Die Scheuer" im historischen Kern von Hof-

Mit Anspruch: das Restaurant im Fachwerk

heim, und sie haben ihr Haus im Laufe der Jahre nicht nur zu einer kulinarischen Institution in der Kreisstadt, sondern sich über die Region hinaus einen Namen gemacht. Was sie den Gästen in ihrem Restaurant, das in einem der schönsten Fachwerkhäuser des alten Hofheim untergebracht ist, bieten, geht deutlich über das übliche Gasthausniveau hinaus – und mit Gerichten wie dem Kalbskotelett zeigt Ralph Stöckle, was möglich ist, wenn man sich wie er einer auf der einen Seite bodenständig-regionalen, auf der anderen aber doch feinen, qualitativ hochwertigen überregional-inspirierten Küche verschrieben hat. Das lässt dann auch Raum für anspruchsvollere Kreationen wie den hausgeräucherten Pfefferlachs mit Sesam-Bohnensalat, die Kalbskopfpraline mit gepökelter Kalbszunge und gebratenen Kalbsbries mit Linsen und Trüffel oder den Husumer Lammrücken mit Spitzkohl, Gnocchis und Gremolatajus. Dazu passt auch die

Etwas rustikaler: die „Schmiede"

Weinkarte, die es nicht bei ein paar Ausschank-Tropfen belässt, sondern eine lobenswerte Auswahl vor allem deutscher, aber auch französischer und italienischer Weine bietet.

Rustikaler, aber nicht weniger qualitätsorientiert geht es im Nachbarhaus zu: „Die Schmiede" ist so etwas wie das Event-Lokal der „Scheuer". Dort richten die Stöckles kleine oder größere Familienfeste, Tauf-, Kom-

Farbenpracht im Innenhof

munions-, Konfirmations- und natürlich auch Hochzeitsfeiern aus. Das kulinarische Angebot in der gemütlichen Gaststube reicht dabei von einfach und deftig bis anspruchsvoll und fein.

EMPFEHLUNG:

Eine Spezialität des Hauses sind die wechselnden mehrgängigen Menüs, die zum Beispiel in der Gänse-Saison und zu Festtagen angeboten werden.

BRAUHAUS
GOLDENER ENGEL

Neisser Straße 1
55218 Ingelheim
Telefon 06132-8994800
www.brauhausgoldenerengel.de
info@brauhausgoldenerengel.de

Öffnungszeiten: Dienstags bis sonntags von 11 bis 1 Uhr, durchgehend warme Küche von 12 bis 22 Uhr, montags geschlossen (außer an Feiertagen).

Parken: Direkt am Brauhaus gibt es einen großen Parkplatz.

Weißwürste und Bier am Rhein

Das soll ein Brauhaus sein? Ein uriger Gasthof? Auf den ersten Blick wirkt das beige Gebäude an der Binger Straße eher wie ein kleiner Industriebetrieb. Völlig schmucklos und schlicht sieht es aus wie ein Zweckbau, vom schönen Innenhof und dem großen Biergarten ist zunächst gar nichts zu sehen. Und schon gar nicht von der außergewöhnlich schönen Innenausstattung. Kaum hat man das Brauhaus „Goldener Engel" am Rande von Ingelheim aber betreten, sieht die Sache völlig anders aus: Warme Braun- und Beigetöne und gemütliches Licht empfangen den Gast, der Blick fällt zuerst auf die beiden großen Kupferkessel am Eingang, dann auf die Theke und den Gastraum mit seinen wuchtigen Wirtshausmöbeln und der dunklen Wandvertäfelung. Und es herrscht tatsächlich echte Brauhaus-Atmosphäre.

Großzügig: der Biergarten

Der „Goldene Engel" ist kein Traditionshaus, sondern eine Neu-schöpfung. Eine von den Ingelheimer und Frankfurter Archi-tekten Hille und Franken entworfene, moderne Version eines Brauhauses, in dem die Gäste auf der einen Seite dem hand-werklichen Prozess des Bierbrauens ganz nah sind und auf der anderen klassische, bodenständige Gastlichkeit in zeitgemäßem Ambiente genießen können. Das ist bei der Eröffnung 2007 ein großes Wagnis gewesen – doch heute ist der „Goldene Engel" ein Anziehungspunkt sondergleichen. Und das in der Rotwein-Stadt Ingelheim.

Grundlage des Erfolgs ist neben dem erstklassigen, süffigen Bier des Hauses – es gibt Helles, Dunkles und Weißbier – sicher auch die ungezwungene Art, mit der hier die deutsche Biertradition gelebt wird: Im „Goldenen Engel" wird nicht an allen Ecken

Blickfang: die Braukessel im Foyer

Zeitgemäßes Ambiente: der Gastraum

und Enden das bayerische Klischee heraufbeschworen. Nirgends hängen blau-weiße Fähnchen herum, man sieht kein Bergpanorama an den Wänden, und die Bedienung trägt keine Lederhosen oder Dirndl, sondern schlichtes Schwarz. Natürlich stehen auf der Karte auch Weißwürste und Leberknödel. Aber eben auch Regionales wie Mainzer Spunde- und Handkäs', rheinhessische Kartoffelsuppe und Ingelheimer Wurstsalat. Wer mag, kann sogar Wein trinken, sehr guten noch dazu. Wenn so die Zukunft der Braukunst aussieht, dann muss man sich keine Sorgen machen.

EMPFEHLUNG:

Eigentlich keine klassische Brauhausspeise, aber dafür richtig gut: der Klassik-Burger mit Angus-Beef, Käse, Speck, Tomate, Zwiebeln, Gurken, Salat und würzigem Tomaten-Relish im Dunkelbier-Brötchen.

SPEISEKAMMER

Alt Heddernheim 41
60439 Frankfurt
Telefon 069-573888
www.speisekammer-frankfurt.de
info@speisekammer-frankfurt.de

Öffnungszeiten: Im Sommer täglich von 17 Uhr, im Winter von 18 Uhr an; sonntags außerdem Mittagstisch von 11.30 bis 14.30 Uhr.

Parken: Wer zum ersten Mal kommt, sollte sich ein bisschen Zeit nehmen – denn im Heddernheimer Einbahnstraßengewirr ist die Parkplatzsuche nicht ganz leicht.

Grüne Soße und Calvadosrahm

Das gibt es nicht mehr überall. Während andernorts die Gänse allein schon aus Bequemlichkeit als Tellergericht zum Gast kommen, werden sie hier noch nach alter Schule am Tisch tranchiert. Leicht ist das nicht, aber dem Mann mit dem Messer und der Geflügelschere sieht man die Routine an. Der weiß, was er tut, jeder Schnitt sitzt, und im Handumdrehen ist das knusprige Geflügel samt Beilagen auf ausladenden weißen Tellern serviert. Es ist diese Art von aufmerksamer Gastlichkeit und das im besten Sinne gediegene Ambiente, die dieses Gasthaus im alten Ortskern des Frankfurter Stadtteils Heddernheim über die übliche Apfelwein-Herrlichkeit der Mainmetropole hinausheben.

In der Stube des 1740 erbauten und 1990 sanierten Hauses herrscht gediegene Gastlichkeit: Blickfänge sind ein paar Sand-

Gediegen: das Ambiente im Restaurant

steinsäulen und eine dunkle Holztheke. An den Wänden hängt viel Schmuck, handgemalte Kacheln und alte Küchenutensilien, allerlei Bilder und Wandteller, bunte Gardinen umrahmen die Fenster, die Tische sind mit weißen Decken und Servietten, Weingläsern und Kerzen gedeckt. Alles hat seinen Platz, und die Gäste strömen Abend für Abend herbei, ohne Reservierung ist praktisch nichts zu machen.

Das wiederum liegt nicht allein am Ambiente und an dem „scheene Gadde", in dem im Sommer die Gäste unter einer Kastanie und einer Platane auf gusseisernen Bänken mit Rückenlehne Platz nehmen und einen Schoppen nach dem anderen bestellen. Es liegt vor allem an der uneingeschränkt guten Küche. Die bietet keine Gourmet-Kreationen, aber eine wunderbare Auswahl traditioneller Gerichte, wie man sie in Frankfurt in dieser

„Scheener Gadde": der gemütliche Innenhof

Qualität nur selten serviert bekommt. Einer der Vorzeigeklassiker ist der Tafelspitz mit Grüner Soße und Bratkartoffeln. Aber auch die verschiedenen Kalbs- und Schweineschnitzel mit ihrer krossen Panade und dem dennoch butterweichen, sehr dünnen Fleisch und Spezialitäten des Hauses wie die Schweinelendchen mit Äpfeln in Calvadosrahm oder die Medaillons vom Lamm mit Broccoli und Mandelbutter zeugen von einer aufmerksamen und gut einge-

Historisch: das 1740 erbaute Haus

spielten Mannschaft in der Küche. Gerichte mit saisonalen Waren wie Spargel, Pfifferlingen oder eben den beliebten Gänsen bieten schließlich auch Stammgästen schöne Abwechslung.

EMPFEHLUNG:

Unter den Füßen raschelt der Kies, über den Köpfen rauschen die Blätter der Bäume, und im Glas strahlt der Ebbelwoi: Im Sommer ist allein schon der teilweise überdachte Innenhof mit seiner lauschigen Atmosphäre den Weg nach Heddernheim wert.

BRAUHAUS
GRAF ZEPPELIN

Hofgut Kronenhof
Zeppelinstraße 10
61352 Bad Homburg
Telefon 06172-288662
www.hofgut-kronenhof.de
info@hofgut-kronenhof.de

Öffnungszeiten: Täglich durchgehend von 11 bis 23 Uhr.

Parken: Direkt am Hof gibt es einen großen Parkplatz mit zahlreichen Stellplätzen.

Selbstgebrautes im Kronenhof

Hier ist ja die Hölle los! Gratulation an die Bedienung, die bei diesem Trubel den Überblick behält. Kaum zeigt sich die Sonne und sorgt für angenehme Temperaturen, stürmen die Leute das Hofgut Kronenhof am Rande von Bad Homburg. Vor allem an den Wochenenden füllt sich dessen Biergarten in Windeseile, und die grünbeschürzten Kellner und Kellnerinnen des Brauhauses „Graf Zeppelin" kommen ganz schön ins Schwitzen. Von mittags bis abends schleppen sie Teller mit Salaten, Suppen, Schnitzeln, Frikadellen, Würsten und Steaks in den Garten und servieren den Gästen selbstverständlich auch die naturbelassenen Biere des Hauses – Helles, Dunkles oder eine der neun saisonalen Spezialitäten.

Anziehungspunkt: der Biergarten

Der Kronenhof ist ein Gesamtkunstwerk – und das Brauhaus „Graf Zeppelin" gewissermaßen sein gastronomisches Glanzstück. Familie Wagner, die den landwirtschaftlichen Betrieb inzwischen in vierter Generation bewirtschaftet, hat im Laufe der Jahre ein Ensemble mit Bauernhof, Reitanlage, Hofladen, Veranstaltungshaus, Brauerei und Biergarten geschaffen und ihren Hof so zu einem beliebten Ausflugsziel nicht nur für die Bad Homburger, sondern für Familien und Bierliebhaber aus der ganzen Region gemacht. Der Name des Brauhauses erinnert an den 22. April 1910, als Kaiser Wilhelm II. auf den Feldern, auf denen heute das moderne Hofgut steht, eine Luftschiffparade veranstalten ließ, an der auch das berühmte „Graf Zeppelin" teilnahm.

Einige der Speisen, die auf der Karte des Gasthauses stehen, hat es auch schon zu Kaisers Zeiten gegeben: Handkäs' mit Musik zum Beispiel, aber auch Sülze mit Bratkartoffeln, Ochsenbrust

Braukunst: die Kupferkessel in der Gaststube

Landwirtschaftlicher Betrieb: der Kronenhof

mit Grüner Soße, Kartoffelsuppe mit gebratener Mettwurst oder Schweinebraten in Biersoße. Es wird aber auch Zeitgenössischeres serviert: Flammkuchen in verschiedenen Variationen zum Beispiel. Dazu zahlreiche Salate und für moderne Stadtmenschen ein paar vegetarische Gerichte. Seit Patrik Kimpel, einst im Rheingau mit einem Stern ausgezeichnet, den Betrieb leitet, haben Küche und Service einen ordentlichen Schub bekommen. So pflegen die Wagners die Tradition auf ihrem Hof – und gehen doch auch mit der Zeit.

EMPFEHLUNG:

Als Betrieb, der sich der handwerklichen Brautradition verpflichtet fühlt, lässt sich das Brauhaus gern in die Karten schauen: Bei den unterschiedlichen Brauereiführungen können die Gäste eine Stunde oder gleich einen ganzen Tag mit dem Braumeister verbringen und den Weg des Bieres vom Schroten des Malzes bis zum Abfüllen kennenlernen.

KANONESTEPPEL

Textorstraße 20
60594 Frankfurt
Telefon 069-611891 oder 069-66566466
www.kanonesteppel.de

Öffnungszeiten: Montags bis samstags von 10 bis 24 Uhr, sonntags geschlossen.

Parken: Wer an der Textorstraße parken will, muss Glück haben. Das nächste Parkhaus befindet sich unter dem ehemaligen Depot, 100 Meter die Straße runter, Einfahrt von der Hedderichstraße.

Rippchen in Gesellschaft

Ich esse eigentlich permanent hier – mindestens einmal im Monat", sagt die Frau mit der Designer-Sonnenbrille im Haar. Und ehe sie noch etwas hinzufügen kann, erscheint der Kellner. „Ich wollt', ich wär' ein Huhn", intoniert er kurz, dann steht der Teller mit dem Hähnchenschnitzel und Salat auf dem Tisch. Dazu ein ordentlicher Schoppe. Der Nachbar bekommt seine Rinderleber mit Zwiebeln und Bratkartoffeln. Die Frau mit der Sonnenbrille lächelt, jetzt ist ihr Mittagsglück perfekt.

Kaum ist der Sommer da, ist es auch im Hof des „Kanonesteppel" in Sachsenhausen voller Leute. Um kurz nach zwölf ist fast

Gesellig: Gäste in der guten Stube

Voller Stammgäste: der Innenhof

jeder Tisch besetzt. In der Gaststube hocken nur ein paar trau-
rige Gestalten. Sonnenallergiker wahrscheinlich. Draußen sitzt
die Frankfurter Gesellschaft. Nicht die feine, die trifft sich beim
Italiener und hat nichts übrig für Ebbelwoi, Handkäs' mit Musik
und Rippchen mit Kraut. Hier sitzt das Bürgertum auf dem wet-
terfesten Gestühl: Männer mit Hemd und Krawatte, Rentner in
kurzen Hosen, Sekretärinnen bei der verdienten Mittagspause,
einsame Schoppe-Petzer, die den Pappdeckel, auf dem das Gerippte stehen sollte, zwischen den Fingern drehen und gedan-

kenverloren ins Leere schauen. Alles Stammgäste. Wie die Frau mit der Designer-Sonnenbrille im Haar.

Die hat ihr Huhn samt Salat inzwischen verputzt. Und kaum ist sie aufgestanden und mit ihrem Begleiter hinaus auf die Gass' spaziert, sind ihre Plätze schon wieder besetzt. Vier große Ge-

Flüssignahrung: ein guter Schoppen

spritzte bestellen die älteren Herren und blättern in der Karte. Ihre Hosenbeine haben sie mit Gummibändern an die Knöchel gebunden. Fahrradfahrer. Einer steckt sich eine Zigarre an, und trinkt mit großen Schlucken. „Mann, Du legst ja ein Tempo vor", sagt sein Gegenüber. Anstoßen. Wohlsein. Viel babbeln tun die vier nicht. Sie wundern sich nur über die zahlreichen Gäste („hier is ja heut' der Geier los"). Dann bringt der Kellner Haspel mit Kraut, Tatar mit Brot und Butter, Grie Soß' mit halben Eiern und Blut- und Leberwürstchen mit Püree. Die vier schweigen, man sitzt schließlich in einer Speisegaststätte und nicht in der Talkshow. Nach 20 Minuten sagt einer: „Isch kann euch sage: Des war rischtisch gut". Sprachs und verschwindet in den braungekachelten Katakomben. Händewaschen.

EMPFEHLUNG:

Rindersolber ist gepökeltes Rindfleisch, auch Schaufelbug genannt. Dazu gibt es Grüne Soße und Salzkartoffeln – und sauergespritzten Ebbelwoi.

SCHLOSS SCHÄNKE

Im Schloss Reinhartshausen
Hauptstraße 41
65346 Eltville-Erbach
Telefon 06123-793380
www.prosperita.de
info@prosperita.de

Öffnungszeiten: April bis Oktober montags, donnerstags und freitags von 16 bis 24 Uhr, samstags und sonntags von 10 bis 24 Uhr; November bis März montags, donnerstags und freitags von 17 bis 24 Uhr, samstags und sonntags von 10 bis 24 Uhr, dienstags und mittwochs ganzjährig geschlossen.

Parken: Direkt vor der Tür gibt es ein paar Stellplätze, ansonsten ein Stückchen entfernt auf dem Hotel-Parkplatz.

Fleischwurst und Riesling

Was die beiden am Nachbartisch wohl zu Hause so machen? Reden jedenfalls nicht. Das machen sie nämlich auch hier auf der Terrasse der „Schloss Schänke" nicht. Stattdessen tippen sie unentwegt auf ihre Mobiltelefone und lassen sich auch nicht davon abbringen, als der Kellner das Wiener Schnitzel und den Flammkuchen bringt. Statt zu essen, schicken sie lieber Nichtigkeiten in die Welt. Traurig, wie die moderne Kommunikationswelt die Menschen zu Abhängigen macht – besonders an einem Ort wie diesem, einem so kommunikativen und in vielerlei Hinsicht schönen Wirtshaus. Bei gutem Wetter sitzen die Gäste hier im Innenhof von Schloss Reinhartshausen und genießen das besondere Ambiente des Rheingaus – mit traditionellen Speisen und guten Weinen.

Rheingauer Gemütlichkeit: die Gaststube

Die Küche der „Schloss Schänke" bietet auf der einen Seite die typische, deftige Hausmannskost der Region – vom würzigen Spundekäs' mit hausgebackenem Brot bis zum ewigen Klassiker des Hauses, der gebackenen Fleischwurst mit Kartoffelsalat. Auf der anderen Seite stehen aber auch mediterrane Kreationen auf dem Programm, die sich wunderbar in das Gesamt-Oeuvre einfügen, etwa der als Vorspeise servierte Pulpo mit Avocado-Creme und Safranblumenkohl oder das Kräuter-Risotto mit Pfifferlingen, Tomaten und Kürbiskernen. Eine echte Spezialität ist „Unser Surf & Turf", ein Gericht, das nicht wie sonst allgemein üblich als Steak mit Scampis auf den Tisch kommt, sondern als erstaunlich harmonische Kombination von Königsberger Klopsen in Schnittlauchsoße mit Garnelen und Wildreis.

Einladend: die Tische auf der Terrasse

Getrunken werden dazu natürlich die Tropfen des Weingutes Schloss Reinhartshausen: Vom einfachen Hauswein bis zur Großen Lage bildet die Karte das gesamte Spektrum des Betriebes ab. Für Rotwein-Freunde stehen zudem fünf Tropfen des Weingutes Lergenmüller zur Auswahl – die werden zwar in der Pfalz gekeltert, passen aber bestens in dieses Rheingauer Gesamtkunstwerk. Alle Weine werden als Flasche, im 0,2-Liter- und im kleinen 0,1-Liter-Glas angebo-

Immer aktuell: die Empfehlungen der Küche

ten, sonderlich günstig sind sie leider nicht. Entschädigt werden die Gäste dafür jedoch durch das bodenständige, aber doch stilvolle Ambiente der „Schloss Schänke". Und wenn das Wetter mitspielt, ist die Terrasse im Innenhof des Weingutes einer der schönsten Plätze im Rheingau – es sei denn, man ist Handy-Junkie und nimmt seine Außenwelt nicht mehr richtig wahr.

EMPFEHLUNG:
Die üppige „Schänkenvesper" mit Wurst, Schinken, Spundekäs', geräucherter Forelle und Bauernbrot gibt es für eine oder für zwei Personen – und schmeckt am besten mit einem Glas Riesling.

SCHLAPPESEPPEL

Schlossgasse 28
63739 Aschaffenburg
Telefon 06021-25531
www.schlappeseppel-ab.de
info@schlappeseppel-ab.de

Öffnungszeiten: Täglich von 10 bis 1 Uhr.

Parken: Es gibt einige Stellplätze auf dem Platz direkt vor dem Haus, mehr Glück hat man aber meist auf dem großen Parkplatz unterhalb von Schloss Johannisburg direkt am Main.

Bierkäseschnitzel

mit Schlossblick

Das erste Bier ist immer das Beste. Das wissen offensichtlich auch die Herren, die es sich auf den Bänken vor der Wirtschaft bequem gemacht haben und mit Blick auf das Schloss ein erstes erfrischendes Helles trinken. Der Tag ist noch jung, die morgendliche Sommersonne nicht zu heiß und der „Schlappeseppel" noch ein Ort der Ruhe. Ein paar Stunden später sind draußen alle Tische besetzt und auch drinnen ordentlich Betrieb. Es wird ausgeschenkt, was die Zapfhähne hergeben, und aus der Küche kommt ein Bierkäseschnitzel nach dem anderen, aber

Alter Charme: das frühere Sudhaus

auch das Zwiebelfleisch mit Bratkartoffeln, das hausgemachte Hacksteak in der Gußpfanne, Semmelknödel mit Schwammerln und Rahmsoße und so herrliche Deftigkeiten wie Wurstbrot mit Gewürzgurke, Leberkäse mit Spiegelei und O'batzter mit Radieschen und Brezn. Die Herren vom Morgen sind schon wieder da – oder noch immer – , und in der Ecke sitzen mal wieder Greser und Lenz, die beiden F.A.Z.-Karikaturisten, die hier gewissermaßen zum Inventar gehören und sich von der biergeschwängerten Stimmung und den zeitlosen Gesprächen inspirieren lassen.

Der „Schlappeseppel" ist die älteste Wirtschaft Aschaffenburgs. Seit 1631 wird hier getrunken und bodenständig gegessen. Die braungekachelte Theke ist natürlich nicht so alt, sie stammt aus den fünfziger Jahren. Aber irgendwie sieht sie aus, als sei auch sie schon immer hier gewesen. Wie überhaupt alles in den beiden Gasträumen, die blanken Holztische, die mächtigen Holzleuchter, die rotweißen Vorhänge und sogar das alte Sudhaus mit dem großen Kupferkessel, das zwar renoviert wurde, aber doch von seinem alten Charme nichts verloren hat. Hier, am Rande der Altstadt, nur ein paar Meter vom Main und vom Schloss Johannisburg entfernt, lebt die Tradition. Und darum hat der Streit um den Bierlieferanten des Hauses vor ein paar Jahren auch regelrechte Erschütterungen in der ganzen Stadt ausgelöst. Inzwischen wird im „Schlappeseppel" nicht mehr „Schlappeseppel", sondern Helles, Pils, Weizen, dunkles „Schwarzviertler" und naturtrübes „Kräusen" von der Miltenberger Brauerei Faust ausgeschenkt. Dem Zuspruch der Gäste hat das nicht geschadet. Aber diskutiert wird immer noch. Meistens schon morgens beim ersten Glas.

In direkter Nachbarschaft: Schloss Johannisburg

Der hausgemachte Kochkäse mit Zwiebeln, Schwarzbrot und Butter ist vielleicht kein Gourmet-Gericht – aber zum Bier eine Sensation.

GUTSSCHÄNKE
NEUHOF

Hofgut Neuhof
63303 Dreieich-Götzenhain
Telefon 06102-30000
www.gutsschaenkeneuhof.de
info@gutsschaenkeneuhof.de

Öffnungszeiten: Täglich von 11.30 Uhr an, warme Küche von 12 bis 14.30 Uhr und von 18 bis 21.30 Uhr, dazwischen Kaffee, Kuchen und Kleinigkeiten von der Vesperkarte.

Parken: Direkt an der Einfahrt zum Hofgut gibt es einen großen Parkplatz.

Rehrücken am Golfplatz

Die Leute vom Golfplatz erkennt man sofort. An ihren Schuhen, ihren Hosen und natürlich an ihren großen Autos und den Caddys, jenen Gefährten, mit denen sie ihre Schläger und sonstige Ausrüstung durch die Gegend schieben. Auf Gut Neuhof begegnet man diesen Freizeitsportlern überall, denn das historische Herrschaftlich-Ysenburgische Hofgut mit seiner fast fünfhundertjährigen Geschichte ist nicht nur eines der beliebtesten Ausflugsziele im Süden Frankfurts, es beherbergt auch die größte Golfanlage der Region. Die Mitglieder und Gäste des Golfclub Neuhof können sich auf dem 27-Lochplatz, auf der Driving-Range, auf dem „Pitch und Putt"-Übungsgelände oder im denkmalgeschützten Clubhaus vergnügen. Allen anderen Besuchern der malerisch gelegenen Domäne bleibt nur die Gutsschänke.

Traditionsambiente: die gemütlichen Gasträume

Aber was heißt hier „nur"? Die „Gutsschänke Neuhof" ist in der gesamten Region bekannt. Das ganze Jahr über kommen Gäste in das idyllische Fachwerk- und Holzhaus-Ensemble, das nicht nur über eine große Sonnenterrasse, sondern auch eine ganze Reihe von gemütlichen Gasträumen verfügt. Ganz traditionell eingerichtet und mit vielen Bildern, Accessoires und Jagdtrophäen dekoriert, bietet das Restaurant den passenden Rahmen für alle möglichen Anlässe: vom einfachen Kaffeetrinken im Garten bis zum entspannten Abendessen am Kamin. Generationen von Konfirmanden haben hier schon den Schritt ins Erwachsenenleben gefeiert, zahllose Familien und Firmen sind in der Schänke zu Jubiläen, Geburtstagen und anderen Anlässen zusammengekommen.

Viel Platz: die Sonnenterrasse

Service und Küche in der Gutsschänke sind – im besten Sinne – von alter Schule: Die meisten Kellner sind seit vielen Jahren im Hause und lassen sich auch vom größten Trubel nicht aus der Ruhe bringen; die Küchenmannschaft ist bestens eingespielt und bringt Tag für Tag gehobene Gasthauskost auf die Teller, von der schlichten Kartoffelsuppe mit Speck und Creme fraiche bis zum rosa gebratenen Rehrücken mit Wacholder-

Sommeridylle auf dem Hofgut

rahmsoße und Butterspätzle für zwei Personen. Dazu wird eine erstaunlich große Auswahl an deutschen, französischen, italienischen und spanischen Weinen angeboten. Das dürfte auch den Leuten vom Golfplatz gefallen.

EMPFEHLUNG:

In einem flachen Fachwerkbau gegenüber der Gutsschänke ist die „Alte Backstube" untergebracht. Dort werden täglich frisch von 10 bis 20 Uhr die Produkte der Gutsbäckerei und der Gutsmetzgerei, die Weine des Weingutes Schumacher und Verschiedenes wie Schokolade und Marmelade angeboten.

ZUM BÄREN

Höchster Schlossplatz 8
65929 Frankfurt
Telefon 069-309343
www.zumbaeren.net
info@zumbaeren.net

Öffnungszeiten: Täglich von 11 bis 23 Uhr, im Winter montags bis freitags von 17 bis 23 Uhr und samstags und sonntags von 11 bis 23 Uhr.

Parken: In der Höchster Altstadt sind Stellplätze rar, aber nur wenige Meter entfernt gibt es am Mainufer einen großen Parkplatz.

Hausmannskost am Schlossplatz

Kaum kommt die Sonne zum Vorschein, ist es vor der Tür wieder jeden Tag rappelvoll. Von den ersten schönen Tagen im Frühjahr bis zu den letzten im Altweibersommer herrscht auf dem Höchster Schlossplatz schon mittags ordentlich Andrang. Dann bleiben die Stühle in der Gaststube leer, während draußen vor dem Gasthaus „Zum Bären" kaum noch ein Platz zu bekommen ist. Die Gäste drängeln sich in der Sonne, die Kellner schleppen Teller, Pfannen und gerippte Gläser an die langen Tische. Hemdsärmlig, aber freundlich geht es zu. Ab und zu kommen ein paar Touristen vorbei und fotografieren die Szenerie vor dem Fachwerkensemble der Höchster Altstadt – Deutschland, wie es im Reiseführer steht.

Gastlichkeit am Schloss: das historische Haus

Wahrzeichen: das Höchster Schloss

Auf der Karte stehen Gasthaus-Klassiker: Kraftbrühe vom Tafelspitz, Schnitzel, Schweinshaxe, Wurstsalat mit Bratkartoffeln. Auch der Elsässer Flammkuchen ist in Ordnung und stammt nicht, wie sonst leider oft, aus der Tiefkühltruhe, ebenso solide präsentieren sich die Käsespätzle mit Röstzwiebeln und der gebratene Leberkäse mit Spiegelei. Zu wahrer Größe aber läuft die Küchenmannschaft bei der hessischen Hausmannskost auf, die hier seit mehr als 200 Jahren serviert wird. Wer davon schon beim ersten Besuch einen möglichst breiten Überblick bekommen will, bestellt am besten den Frankfurter Spezialitätenteller: Handkäs' mit Musik, zwei halbe Eier mit Grie Soß' und ein kleines Rippchen mit Kraut und Salzkartoffel. Dazu wird Brot, Butter und Senf serviert. Besser bekommt man das auch in Sachsenhausen nicht.

Eine Empfehlung wert ist auch die „Bärenpfanne". Allerdings nur für besonders ausgehungerte Gäste, die es schaffen, die mit Schweinemedaillon, Rinderhüftsteak, Schweinerückensteak, Rahmsoße, Champignons und Bratkartoffeln bis an den Rand gefüllte Pfanne tatsächlich zu verputzen. Bei den Getränken ist die Lage ähnlich wie beim Speisenangebot: Natürlich gibt es auch Bier (Pils, Weizen, Export), Wein (Riesling, Grauburgunder, Primitivo und Malbec) und eine Menge Schnäpse – am besten zur rustikalen Frankfurter Küche aber passt der Ebbelwoi von Rapps, mit Sprudel sauergespritzt.

EMPFEHLUNG:

Zwischen Oktober und März gibt es im „Bären" jeden dritten Sonntag im Monat „Spanferkel satt": Zwischen 12 und 15 Uhr können die Gäste so viel frisch gegrilltes Spanferkel mit verschiedenen Beilagen futtern, wie sie mögen.

KLOSTERSCHÄNKE
KLOSTER EBERBACH

Kloster Eberbach
65346 Eltville
Telefon 06723-993299
www.kloster-eberbach.de
gastronomie@klostereberbach.com

Öffnungszeiten: Täglich von 11.30 bis 22 Uhr, durchgehend warme Küche.

Parken: Vor dem Eingang des Klosters gibt es ausreichend Parkplätze.

Zisterzienserbrot und Riesling

Das von den Zisterziensern erbaute, denkmalgeschützte Gebäudeensemble von Kloster Eberbach ist eines der beliebtesten Ausflugsziele im Rheingau. Zu Tausenden strömen Touristen und einheimische Besucher jedes Jahr zum Kloster – nicht nur während des Rheingau-Musik- oder des Rheingau-Gourmet-Festivals. Auch an normalen Wochenenden herrscht reger Betrieb, und selbst unter der Woche kommen kulturbeflissene Ausflügler, Wanderer und viele andere Gäste an den Waldrand oberhalb des Eltviller Steinbergs.

Viele der Besucher zieht es auch in den ehemaligen Kuh- und Pferdestall der ausgedehnten Klosteranlage. In dem großzügigen, rund 250 Jahre alten Gewölbe ist die Klosterschänke schon

Früher ein Stall: das Gewölbe des Restaurants

141

seit vielen Jahren ein Anziehungspunkt für Gäste. Dort bekommen sie – bei gutem Wetter auch auf der Terrasse – nach der Besichtigung des Klosters und vor dem Weitermarsch hinunter nach Erbach oder Hattenheim oder einfach nur so Stärkung in Form von deftigen Speisen und feinen Weinen. Die Küche bietet viele regionale Spezialitäten. Schon für den Auftakt fällt die Auswahl schwer. Rheingauer Riesling-Cremesuppe vielleicht? Oder ein traditionelles „Zisterzienserbrot" – sprich gebackenes Hackfleisch mit kräftig-süßer Pflaumen-Speck-Soße? Oder doch hausgemachte Spanferkelsülze mit Grüner Soße und Bratkartoffeln?

Wer sich nicht entscheiden kann, bestellt am besten das „Erbacher Winzerbrett": Darauf sind Spundekäs', Schinken, Blut- und Leberwurst, Sülze, Griebenschmalz und Bauernbrot versammelt.

Freiluftvergnügen: die große Terrasse

Denkmalgeschützt: die Kloster-Anlage

Sehr beliebt ist übrigens auch der „Rheingauer Speckkuchen", knuspriger Teig mit Speck, Zwiebeln und Sauerrahm, der als Begleiter förmlich nach einem Riesling der Hessischen Staatsweingüter schreit. Neben diesen mehr oder weniger kleinen Gerichten gibt es aber auch echte Sattmacher-Portionen: Tafelspitz mit Grüner Soße zum Beispiel oder das Erbacher Weinfleisch, geschmorte Schweinefleischwürfel in Riesling-Sahnesauce mit Kartoffelknödeln. Das ist beste Hausmannskost auf hohem Niveau.

EMPFEHLUNG:

Das Pfortenhaus am Eingang zur Klosteranlage ist von Ostern bis Mitte Oktober täglich von 10 bis 19 Uhr geöffnet – genau der richtige Ort, um auch das „Kloster-Bier" einmal zu probieren.

VIEHWEIDE

Viehweide 1
65719 Hofheim
Telefon 06192-99090
www.viehweide.de
post@viehweide.de

Öffnungszeiten: Dienstags bis sonntags von 11 bis 22 Uhr, montags geschlossen.

Parken: An der Zufahrt gibt es ausreichend Stellplätze für alle Gäste.

Jägerschnitzel am Waldrand

Dieser Ausblick. Wirklich großartig. Normalerweise muss man ja vorsichtig sein, wenn Gastronomen von dem „phantastischen Blick", der sich aus ihrem Lokal biete, schwärmen und ihren Gästen ein „unvergessliches Erlebnis" versprechen. Beim Restaurant „Viehweide" am Waldrand nahe Hofheim entspricht aber zumindest die erste Formulierung durchaus den Tatsachen. Vor allem in den wärmeren Monaten des Jahres haben die Gäste von der großen Sonnenterrasse aus eine unvergleichliche Sicht auf die Frankfurter Skyline. Dass sie dazu auch noch eine große Auswahl warmer und kalter Speisen in solider Qualität und üppiger Quantität bekommen können, macht das Lokal zu einem der beliebtesten Ausflugsziele der Umgebung.

Deftiges mit Ausblick: die Terrasse

Den zahlreichen Wanderern und Spaziergängern, die in der „Viehweide" nach einem Gang über die Felder oder durch den nahen Wald einkehren, verlangt es nach Deftigem, und so bringt die Küche viel Fleisch (Schnitzel, Steaks, Schweinemedaillons) und Kartoffeln (Rösti, Bratkartoffeln, Pommes, gebackene Kartoffelecken) auf die Teller. Außerdem gibt es üppige Salate und jahreszeitliche Spezialitäten wie Spargel und Pilze in etlichen Variationen. Umsorgt werden auch die kleinen Gäste: Für Kinder gibt es nicht nur eigene Gerichte, sondern auch einen großen Waldspielplatz, auf dem sie sich austoben können. Am Tisch bekommen sie außerdem stets auch Papier und Stifte. Und wenn der Nachwuchs trotzdem mal die Nerven verliert, bleibt die Bedienung dennoch gelassen und freundlich.

Urige Atmosphäre: die Tische im Restaurant

Drinnen wie draußen: Treffpunkt für alle Tage

Ansonsten gibt es weit und breit wohl kein Lokal, in dem die kulinarische Integration so gut funktioniert. Das gilt nicht nur für die hessischen Spezialitäten wie Handkäs', Grüne Soße und Tafelspitz oder die italienische Pasta, sondern auch für die beiden indischen Gerichte, die auf der Karte stehen: Murg Tikka Masala und Rogan Josh Kashmiri. Das klingt nicht nur exotisch, das ist es auch. Noch dazu in dieser Umgebung. Aber einen Versuch sind die beiden Klassiker vom Subkontinent allemal wert.

EMPFEHLUNG:

Von Lorsbach und Kelkheim aus erreicht man die „Viehweide" mit einem Waldspaziergang. Der dauert kaum mehr als eine halbe Stunde und lohnt zu jeder Jahreszeit.

DILTHEY HAUS

Am Schlosspark 129
65203 Wiesbaden
Telefon 0611-98878666
www.dilthey-haus.de
info@dilthey-haus.de

Öffnungszeiten: Täglich von 16.30 Uhr an, sonntags bis freitags auch Mittagstisch von 11.30 bis 14 Uhr.

Parken: Direkt am Haus gibt es an der August-Wolff-Straße inzwischen einen Parkplatz für die Gäste, an der Straße rund um das „Dilthey Haus" ist es mitunter schwierig, einen Stellplatz zu finden.

Hausmannskost am Schlosspark

Der arme Kerl hat es am Magen. Das Biebricher Käseschnitzel hat er schon abgeschrieben, dabei hatte er sich so sehr auf die delikate Frischkäse-Kräutersoße gefreut. Aber das wäre heute Gift für seinen gereizten Magen. Genau wie der hausgemachte Semmelknödel mit Champignonrahm und der Tafelspitz mit Bouillonkartoffeln und Meerrettichsoße. Nein, und der Wurstsalat mit Bratkartoffeln geht natürlich auch nicht. Wenn überhaupt, dann höchstens ein bisschen Kartoffelsuppe, aber ohne die gebratene Blutwurst.

Der Kellner grinst bei der Bestellung, zeigt aber Verständnis. Ein Rätsel bleibt es trotzdem, warum sich der Mann mit dem Magenleiden das überhaupt antut. Denn seine Freunde bestel-

Ort der Entspannung: der Biergarten

Namensgeber: der Theologe und Philosoph Wilhelm Dilthey

len sich natürlich einen Schoppen nach dem anderen, besten Apfelwein von der Kelterei Stier aus Maintal. Und so wunderbare Deftigkeiten wie die Schweinskopfsülze mit Remoulade und Bratkartoffeln, das Rahmgulasch mit Bandnudeln und den Grillteller mit Medaillons von Rind, Schwein und Pute und knackigen Speckbohnen. So wird sein Verzicht zur Qual, und es hilft auch wenig, dass das meiste nach kaum einer halben Stunde verputzt ist. Ohne Schoppen und Blutwurst macht die Suppe nach „Großmutter-Art" einfach keinen Spaß.

Wenigstens das Ambiente kann der arme Mann genießen. Nur ein paar Meter vom Biebricher Schlosspark in Wiesbaden entfernt ist das nach dem in Biebrich geborenen Theologen und Philosophen Wilhelm Dilthey benannte „Dilthey Haus" eine wahre Oase der Gastlichkeit. Vor allem in der kalten Jahreszeit machen es sich die Gäste gerne in der gemütlichen Gaststube des alten Fachwerkhauses gemütlich, und im Sommer entspannen sie im idyllischen Biergarten auf der gegenüberliegenden Straßenseite. Aus der Küche kommt dazu klassische Hausmannskost, ohne Schnörkel aber stets von solider Qualität. Auf dem Programm stehen vor allem Schnitzel und Steaks, aber auch Salate und ein paar vegetarische Gerichte, wie zum Beispiel der knusprige Kartoffel-Gemüsepuffer mit Schmand und die gebratenen Kartoffeltaschen mit Frischkäsefüllung. Die will sich der arme Kerl mit dem rebellischen Magen übrigens beim nächsten Besuch gönnen. Vielleicht geht es ihm nächste Woche ja schon besser. Und dann trinkt er natürlich auch einen anständigen Schoppen.

EMPFEHLUNG:
Zum Biebricher Schlosspark und zur Mosburg, einer künstlichen Ruine aus dem frühen 19. Jahrhundert, sind es vom „Dilthey Haus" aus nur wenige Schritte – ein kurzer Abstecher lohnt sich auf jeden Fall.

GERBERMÜHLE

Gerbermühlstraße 105
60594 Frankfurt
Telefon 069-68977790
www.gerbermuehle.de
res@gerbermuehle.de

Öffnungszeiten: Täglich von 11.30 Uhr bis 22 Uhr.

Parken: Der Parkplatz vor der „Gerbermühle" ist schnell voll, aber jenseits des Deutschherrnufers gibt es weitere Stellplätze.

Frankfurter Liebling

Bei sommerlichem Wetter gibt es kaum einen schöneren Platz in Frankfurt. Unter den Füßen knirscht der Kies, über den Köpfen rauschen die Bäume, und auf dem Main ziehen die Schiffe vorüber. Wenn dann noch auf dem Tisch ein Teller mit Grüner Soße und ein Schoppen Ebbelwoi stehen, ist das Glück perfekt. Kein Wunder, dass schon Goethe gern hierher kam.

Kein Wunder auch, dass großes Wehklagen in der Stadt ausbrach, als die „Gerbermühle" vor ein paar Jahren schließen musste und Renovierung und Neueröffnung lange auf sich warten ließen. Aber nun ist das an der Grenze zu Offenbach gelegene, großzügig umgebaute, modern und hochwertig eingerichtete und um sehr schöne Hotelzimmer ergänzte Ensemble längst

Tradition und Moderne: die Gerbermühle

wieder zum Frankfurter Liebling geworden. Im Sommer erlebt das schöne Ensemble immer wieder einen regelrechten An-
sturm, vor allem an den Wochenenden strömen die Frankfurter
in Scharen zu ihrem Traditionshaus. Die Küchenmannschaft ist
eingespielt, und der Service hat auch bei hektischem Geschäft
alles im Griff.

Ob im Biergarten, wo man zu gehobenen, aber akzeptablen
Preisen Frankfurter und andere Deftigkeiten serviert bekommt,

Unschlagbar: schon Goethe liebte diesen Platz am Main

oder im Restaurant, wo die Auswahl größer und der Anspruch höher ist: Qualität und Frische zeichnen alle Gerichte aus; angetrocknete Salatblätter, steinhartes Brot, labberige Schnitzel oder muffige Soßen bekommt man hier nicht serviert. Deshalb legt man auch ohne Murren ein paar Euro mehr für den Lyoner Wurstsalat oder den Flammkuchen hin. Ja, den gibt es in der „Gerbermühle" auch. Wohl nicht nur, weil der Pizza-Ersatz aus dem Elsass derzeit praktisch überall auf der Karte steht und sich unglaublicher Beliebtheit erfreut. Sondern auch deshalb, weil er perfekt zum Rheingauer Riesling passt, den mancher lieber trinkt als Ebbelwoi oder Bier.

Dass der Schickeria-Faktor in der „Gerbermühle" höher sei, als in den meisten anderen Traditionshäusern in der Mainmetropole ist im Übrigen eine Tatsache, an der kein Weg vorbei führt. Schon immer waren auf dem Parkplatz vor dem Haus Porsche-Cabrios und S-Klasse-Limousinen gut vertreten, und schon immer sind so manche Damen der Gesellschaft mit ihren hohen Hacken im Kies steckengeblieben. Aber die Grüne Soße des Hauses, die schon zweimal beim Frankfurter „Grüne-Soße-Festival" gewonnen hat, schmeckt eben nicht nur Radlern und Spaziergängern.

EMPFEHLUNG:

Eine schöne Alternative zum großen Biergarten mit seinem Betrieb ist die Turmbar der „Gerbermühle". In den Resten der historischen und denkmalgeschützten Mühlenanlage lockt sie zum stilvollen Entspannen bei guten Drinks und den Spielen der Frankfurter Eintracht, die hier alle live gezeigt werden.

AHRENSHOF

An der Kirche 1
61118 Bad Vilbel
Telefon 06101-545162
www.ahrenshof-massenheim.de
info@ahrenshof-massenheim.de

Öffnungszeiten: Täglich von 12 bis 15 Uhr und von 17 bis 22.30 Uhr.

Parken: Direkt am Gasthaus gibt es nur wenige Stellplätze. Aber ein paar Meter entfernt liegt der Parkplatz „An den Banggärten".

Gänsebraten in der Wetterau

So hat sich die Familie am Fenster ihren Sonntagmittag vorgestellt. Zufrieden sitzen die Herrschaften am weißgedeckten Tisch, vor sich jeweils ein Glas Rotwein – und gerade kommt der Kellner und bringt das gute Stück: eine knusprige Gans. Dazu gibt es hausgemachte Knödel und eine Soße zum Niederknien. Im „Ahrenshof" geht vor allem in der kalten Jahreszeit, wenn die Familie Ahrens von November bis Januar ihr berühmtes Federvieh auf die Tische bringt, ohne Reservierung nichts. Und ohne Vorbestellung auch nicht. Denn die Gans, die die Familie jetzt hingebungsvoll verzehrt, hat eine Besonderheit: Sie ist bei Niedrigtemperaturen 17 Stunden lang gegart worden

Familiäre Atmosphäre: die Gaststube

und hat sich so ihr ganzes Aroma und eine enorme Saftigkeit bewahrt. Und weil das ohne Vorbereitung nun einmal nicht geht, müssen die Gäste zwei oder drei Tage vorher anrufen, wenn sie Lust auf diesen besonderen Genuss haben.

Seine unvergleichlichen Gänsebraten haben den „Ahrenshof" im Bad Vilbeler Stadtteil Massenheim bekannt gemacht, längst kommen die Leute auch aus Frankfurt oder von noch weiter her in die Wetterau, um sich diese knusprige Spezialität zu gönnen. Aber Familie Ahrens und ihr Team haben noch einiges mehr zu bieten: frische, üppig portionierte Salate, verschiedene Flammkuchen, aber auch klassische Hausmannskost wie den Tafelspitz und den Hinterschinken, die mit Grüner Soße oder mit Meerrettichsoße serviert werden. Oder die Rinderroulade, die nach „Großmutter Art" gekocht wird – und tatsächlich so schmeckt.

Unvergleichlich: die Gänse

Der „Ahrenshof", dessen mittelalterliches Anwesen schon im Dreißigjährigen Krieg urkundliche Erwähnung fand, ist eine gelungene Mischung aus Tradition und Moderne. Behutsam ausgebaut, bietet er den Gästen eine ganze Reihe von Räumlichkeiten: die gemütlich eingerichtete Gaststube, das sogenannte Klavierzimmer, in dem auch Gesellschaften bewirtet werden, das rustikale Kellergewölbe und der Biergarten, der dank einer flexiblen Überda-

Mit Hotelbetrieb: der Ahrenshof

chung das ganze Jahr über genutzt werden kann und im Winter mit einem Kaminofen beheizt wird. Und dann gibt es ja noch das Hotel: Zehn Zimmer stehen für all jene zur Verfügung, die nach Gans und Rotwein nicht mehr nach Hause fahren möchten.

EMPFEHLUNG:

„In de Box" heißt der besondere Service: Auf Vorbestellung werden die Niedrigtemperaturbraten des Hauses in einer Wärmebox auch nach Hause geliefert, von Truthahn und Gans über Roastbeef, Schinken und Lamm bis zum ganzen Lachs.

GASTHOF
JAGDSCHLOSS PLATTE

Platte 1 (an der B 417 gegenüber dem Jagdschloss Platte)
65195 Wiesbaden
Telefon 0611-53249700
www.gasthof-jagdschlossplatte.de
info@gasthof-jagdschlossplatte.de

Öffnungszeiten: Dienstags bis sonntags von 11 Uhr an, durchgehend warme Küche. Montags geschlossen.

Parken: Unmittelbar vor dem Jagdschloss befindet sich ein großer Parkplatz, wenn der voll ist, gibt es in Laufnähe zahlreiche weitere Stellplätze.

Backhähnchen am Kamin

D ie beiden Herren im Anzug kommen gar nicht mehr los von der Champions League. Ihre Sakkos haben sie vor gut 20 Minuten neben sich auf die Bierbank gelegt und die Krawatten ein bisschen gelockert. Und seitdem palavern sie ohne Pause über die Bayern und deren Gegner im Viertelfinale, und alle paar Minuten sagt einer der beiden „Wahnsinn". Ja, Wahnsinn ist aber auch das Wetter. Die Sonne knallt an diesem Mittag schon derart sommerlich auf die Platte, dass sich einige Gäste unter die großen Sonnenschirme verzogen haben. Die vier Wanderer im besten Alter zum Beispiel. Mit ihren beigen Dreiviertelhosen, gestreiften Polohemden und khakifarbenen Funktionswesten haben sie gleich neben dem Eingang zum Biergarten Platz genommen. Eben bringt die Bedienung das Essen: einmal

Imposant: das wieder aufgebaute Jadgschloss

den Wurstsalat mit Röstkartoffeln, zwei Wiener Schnitzel und ein Backhähnchen.

Bei Sonnenschein ist die Terrasse unschlagbar, aber die Wiesbadener zieht es zu jeder Jahreszeit auf die Platte. Im Frühjahr und Sommer zum Wandern und Minigolfspielen, im Herbst zum Spazierengehen, im Winter zum Rodeln – falls genug Schnee liegt. Rund um die für Veranstaltungen wiederhergerichtete Schlossruine ist eigentlich immer etwas los, und ein Besuch im Gasthof nebenan hat ohnehin Tradition. Als dort vor Jahren die Wiesbadener Gastronomen-Familie Gollner das Ruder übernahm, war es ein Segen für das rustikale Haus – inzwischen führt der Gastronom Steffen Schulz es mit einem ähnlich bodenständigen, aber nicht anspruchslosen Konzept. Er hat den Gasthof noch einmal ein wenig herausgeputzt und bietet mit seinem Team jetzt vom

Rustikal: die gute Stube

unkomplizierten Mittagessen über das klassische Kaffee- und Kuchengeschäft bis zum gemütlichen Abendessen alles, was eine richtige Wirtschaft ausmacht.

Ungezwungen geht es zu, vor allem bei gutem Wetter herrscht ein reges Kommen und Gehen. Aus der Küche kommen vor allem regionale Leckereien, ein gekräutertes Rieslingsüppchen, Spundekäs' mit Laugenbrezel oder

162

Sonnenverwöhnt: die große Terrasse

gekochte Eier mit Grüner Soße und Dampfkartoffeln zum Bei-spiel. Aber auch überregionale Hausmannskost kommt zu ihrem Recht, und so stehen Weißwürste mit süßem Senf neben Mat-jes mit Zwiebeln und Äpfeln und Serviettenknödel mit Rahmso-ße neben Schweinebraten mit Biersoße auf der Karte. In der kälte-ren Jahreszeit wird es besonders gemütlich, wenn der große Kamin in der Mitte der Gaststube angezündet wird und mit seinem pras-selnden Feuer wohlige Wärme verbreitet.

EMPFEHLUNG:

Das im Zweiten Weltkrieg zerstörte und seit den achtziger Jah-ren von einer Stiftung wieder aufgebaute und 2003 mit einem imposanten, modernen Glasdach versehene Jagdschloss lohnt einen näheren Blick. Jedes Jahr ist der klassizistische Bau bei einem Tag der offenen Tür für Besucher zugänglich.

ZUM LÖWEN

Alt-Sossenheim 74
65936 Frankfurt
Telefon 069-341357
www.zumloewen-frankfurt.de
info@zumloewen.org

Öffnungszeiten: Dienstags bis freitags von 11.30 bis 14.30 Uhr und von 17 bis 23 Uhr, samstags von 17 bis 23 Uhr, sonntags durchgehend von 11.30 bis 21 Uhr.

Parken: Direkt neben dem Gasthaus stehen für die Gäste etwa 20 Stellplätze zur Verfügung.

Traditionspflege im alten Dorf

Die vier Herren an der Stirnseite des Gastraums lassen es sich gut gehen. Entspannt genießen sie ihre Mittagspause. Im Gasthaus „Zum Löwen" laufen die Wildwochen, und so futtern die vier Wildbratwürste mit Rahmwirsing und Kartoffeln, Hirschgulasch mit Spätzle und Hirschkeule mit Cassissoße und Kroketten. Das ist zwar das exakte Gegenteil dessen, was man gemeinhin unter einem leichten Mittagessen versteht – aber was soll's? Wenn es so gut schmeckt, muss man das schlechte Fitness-Gewissen auch mal ignorieren können.

Die Wildwochen haben in dem urigen Apfelwein-Gasthaus im Frankfurter Stadtteil Sossenheim Tradition. Sie hat es schon ge-

Urgemütlich: die alte Gaststube

geben, als noch Peter Häfner das Lokal führte und seine Gäste regelmäßig auch mit Spezialitäten aus seiner fränkischen Heimat verwöhnte. Nach zehn Jahren hat der erfahrene Gastronom den Betrieb nun an zwei junge Nachfolger übergeben – und Florian Baumann und Alexander Gottwald führen das Haus ganz in seinem Sinne weiter. Ein paar „Schönheitskorrekturen" haben sie vorgenommen, aber sonst wird im „Löwen" weiterhin vor allem Frankfurter Traditionspflege betrieben. Nicht auf eine verstaubte, biedere Art, sondern modern und unverkrampft. Das Gasthaus, das 1838 seine erste Schankkonzession erhielt, in einer Zeit, da der Fachwerkbau nicht wie heute im Zentrum des Stadtteils lag, sondern am Rande des 600-Seelen-Dorfes Sossenheim an der Straße nach Höchst, ist bis 2004 stets in Familienbesitz gewesen. Dann kam der in der Hotellerie ausgebildete Peter Häfner und modernisierte es ebenso konsequent wie behutsam. Er hat nach und nach die Gaststube aufgemöbelt, die „Löwenstube" für Veranstaltungen hergerichtet, einen umfangreichen Internetauftritt gestaltet.

Seit mehr als 170 Jahren: der „Löwe"

Den haben Baumann und Gottwald ebenso übernommen wie die Ausrichtung der Küche: natürlich gibt es Hessisches wie Handkäs', Grü-

166

ne Soße und Tafelspitz. Aber auch anderes Gutbürgerliches wie Forelle Müllerin, Schweinesülze mit Bratkartoffeln und Rheinischer Sauerbraten mit Rotkohl steht auf der Karte. Dazu noch Dauerbrenner wie Bandnudeln mit Riesengarnelen, Salat mit Putenbrust und Steak vom Jungbullen. Die sind bei den Gästen besonders beliebt, denn das bestens abgehangene und auf den Punkt gebratene Fleisch muss keinen Vergleich scheuen mit dem, was in manchem überteuerten Steakhaus in der Frankfurter Innenstadt geboten wird.

EMPFEHLUNG:

Das Sossenheimer Apfelschnitzel muss man probiert haben. Das dünne, zarte Schweinefleisch wird mit Speck, Äpfeln, Preiselbeeren und Käse überbacken und mit Bratkartoffeln und Salat serviert.

HOCKENBERGER MÜHLE

Hockenberger Höhe 4
65207 Wiesbaden-Kloppenheim
Telefon 0611-502088
www.hockenberger-muehle.de
mail@hockenberger-muehle.de

Öffnungszeiten: Dienstags und mittwochs von 16 Uhr an, donnerstags und freitags von 12 Uhr an, samstags und sonntags von 11.30 Uhr an, montags geschlossen (außer an Feiertagen).

Parken: Direkt an der Straße gibt es einen großen Parkplatz.

Rustikales am Waldrand

Es gibt Tage, an denen platzt die Terrasse aus allen Nähten. Vor allem, wenn am Wochenende die Sonne scheint und die Temperaturen über die 20-Grad-Marke steigen, kommen die Gäste in Scharen zur „Hockenberger Mühle". Dann finden sich hier zwischen den beiden Wiesbadener Ortsteilen Kloppenheim und Auringen die Leute aus den benachbarten Orten ein, und aus der Stadt kommen Familien und Wanderer und genießen den Tag bei Wildgulasch, Cordon Bleu oder hausgemachtem Apfelstrudel, einem kühlen Schoppen Apfelwein, einem Krug Bier oder einer Tasse Kaffee. Und die Kinder toben auf der Wiese, schaukeln, klettern und rutschen auf dem Spielplatz, rennen am Wickerbach auf und ab und schauen alle paar Minuten nach, ob die Hühner im kleinen Stall nun endlich mal ein Ei gelegt haben.

Zeitgemäß rustikal: der Gastraum

Auf der Terrasse herrscht an solchen Tagen Hochbetrieb, und die Kellner und Kellnerinnen sind nicht zu beneiden. Im Akkord schleppen sie Getränke und Tellergerichte an die Tische und schauen, dass jeder seinen Willen bekommt und nicht ewig warten muss. Doch nicht nur im Sommer, auch in den kühleren Jahreszeiten lässt sich dort, wo 1670 die sogenannte Doktor-Mühle erbaut wurde, prächtig futtern und feiern. Seit 1907 besteht an diesem Ort eine Gastwirtschaft, und seither gilt das in der Kloppenheimer Dorfchronik festgehaltene Motto: „Äppelwoi und Leberwurst / stillt den Hunger und den Durst / und ein Stückchen Schwartemagen / läßt sich auch noch gut vertragen." Im rustikal eingerichteten Inneren der Mühle findet sich normalerweise schnell ein Plätzchen, aber auch hier herrscht an den Wochenenden oft viel Betrieb.

Familienfreundlich: der Spielplatz

Natur pur: Apfelbäume am Wickerbach

Das Repertoire der Küche reicht von klassisch Hessischem – zum Beispiel Handkäs' mit Musik und Bauernbrot, Frankfurter Grüne Soße mit gekochten Eiern oder Wurstsalat mit Bratkartoffeln – bis zu Leckereien anderer Provenienz: gefüllte Cannelloni etwa, Tiroler Spinatknödel oder Schwäbische Schweinelendchen mit Spätzle. Die Portionen sind gewaltig, und die Gäste hauen ordentlich rein – schließlich haben viele von ihnen einen ausgedehnten Spaziergang in den umliegenden Wäldern hinter sich oder sich einen solchen nach dem Essen fest vorgenommen.

EMPFEHLUNG:

Allein die hausgemachte Wildsülze mit Grüner Soße und Bratkartoffeln ist den Weg zur Mühle schon wert.

ZUM HIRSCH

Konrad-Adenauer-Ufer 19
65439 Flörsheim
Telefon 06145-2873
www.restaurant-zum-hirsch.com
sdw2@gmx.de

Öffnungszeiten: Montags von 11.30 bis 17 Uhr, dienstags geschlossen, mittwochs bis freitags von 11.30 bis 23 Uhr, samstags und sonntags von 11.30 bis 22 Uhr.

Parken: Direkt vor der Tür liegt am Mainufer ein großer Parkplatz.

Maulhäppchen am Fluss

An heißen Sommertagen gibt es weit und breit kaum einen schöneren Platz. Die ausladenden Platanen spenden kühlen Schatten, auf dem Fluss ziehen die Schiffe dahin – und die Kellnerinnen servieren ein Glas Riesling. Oder ein schönes Hefeweizen. Oder, noch besser: einen sauergespritzten Ebbelwoi und ein paar „hessische Maulhäppchen".

An dieser geschützten Stelle am Flörsheimer Mainufer kann man auch im Spätsommer nachmittags oft noch draußen sitzen, erst gegen Abend wird es auf der großen Terrasse des Gasthauses „Zum Hirsch" dann empfindlich kühl. Zum Glück schmecken die in kleinen Weckgläsern servierten „Maulhäppchen" auch in der vor einigen Jahren mit zeitgemäßem Design und Möbeln

Gediegene Gastlichkeit: die Wirtsstube

ausgestatteten Gaststube. Zur Auswahl stehen Handkäs' mit Musik, Spundekäs', Wurstsalat, Grüne Soße mit Ei, Kräuter-Bauernsülze mit süßem Senf und gebratene Fischbällchen mit Meerrettich. Die Gläschen kommen auf einem kleinen Brett und mit einem Brotkorb auf den Tisch.

Ganz neu ist die Idee mit der hessischen Version der Tapas nicht, aber in diesem Flörsheimer Traditionshaus macht sie sich besonders gut. Denn in dem um 1500 erstmals erwähnten Gasthof „Zum Hirsch" hat es schon immer hessische Spezialitäten gegeben. Und auch in Zeiten, da in dem historischen Gemäuer die Moderne längst mit „Garnelenpfännchen", Flammkuchen und Tagliatelle Gorgonzola ihren Weg auf die Karte gefunden hat, gehören die regionalen Spezialitäten immer noch zu den Parade-Gerichten des Hauses: Unschlagbar sind zum Beispiel

Um 1500 erstmals erwähnt: der Gasthof „Zum Hirsch"

Genuss mit Mainblick: die Terrasse

der Rheingauer Spießbraten mit Zwiebelsenfsoße, das gekochte Rindfleisch mit Grüner Soße und die halbe Landente mit Kroketten und Apfelrotkohl.

„Zum Hirsch" ist ein klassisches Allround-Lokal: Mittags bietet das Haus wechselnde, als „Quick Lunch" angepriesene Stammessen für ein paar Euro, nachmittags wählen die Gäste vom großen Kuchenbufett, und an den Wochenenden werden im „Flörsheimer Saal" Geburtstage, Hochzeiten, Kommunionen und Konfirmationen gefeiert. Richtig gemütlich wird es im Winter, wenn jeden Tag frisch gebratene Gänse auf die Tische kommen.

EMPFEHLUNG:

Im Sommer schmeckt das „Vitello hessisch" – gekochtes Rindfleisch mit Apfel-Sahnemeerrettich und Rote Bete – auf der Terrasse am besten, und im Winter ist das Hirschgulasch in der Gaststube das perfekte Wohlfühlessen.

OBERSCHWEINSTIEGE

Oberschweinstiegschneise 65
60598 Frankfurt
Telefon 069-697693710
www.oberschweinstiege-frankfurt.de
info@oberschweinstiege-frankfurt.de

Öffnungszeiten: Täglich von 11 Uhr an, Küche bis 21 Uhr.

Parken: Direkt vor dem historischen Haus gibt es einen großen Parkplatz.

Neuanfang im Stadtwald

Darauf hat die ganze Stadt gewartet. Zumindest all jene Frankfurter, die regelmäßig in den Stadtwald fahren, laufen oder radeln und sich seit Jahren geärgert haben, dass sie in der „Oberschweinstiege" nicht mehr einkehren können, ohne sich hinterher erst recht aufzuregen. Nach langem Niedergang ist das Gasthaus, das es an dieser Stelle schon seit mehr als 120 Jahren gibt, in neuen und guten Händen. Fast ein Jahr lang haben die Renovierungs- und Umbauarbeiten an dem Gebäude-Ensemble am Jacobiweiher gedauert. Die neuen Pächter, Viola und Matthias Federau, haben viel Geld investiert und viele moderne Elemente wie einen freistehenden Kamin und große, ausladende Kronleuchter in die verschiedenen Räume integriert,

Gelungene Modernisierung: die große Gaststube

ohne das Ambiente des alten Hauses gänzlich zu verändern. Alles wirkt hell und freundlich, die Schar der Kellnerinnen und Kellner schwirrt von Tisch zu Tisch und bemüht sich um das Wohl der Gäste.

Die Tische sind großzügig gestellt und bieten sowohl den vielen Hundebesitzern als auch den zahlreichen Eltern mit kleinen Kindern ausreichend Platz, sich um ihre Lieben zu kümmern. Serviert wird eine Art Landhausküche, die Frankfurter Klassiker mit Wildgerichten, Hausmannskost, Mediterranem und Steaks verbindet. Für die Kaffeegäste am Nachmittag gibt es eine große Kuchenauswahl. Das, was aus der Küche auf die Tische kommt, ist nicht zu vergleichen mit dem Angebot in den unrühmlichen letzten Monaten der alten „Oberschweinstiege": Die Tafelspitzbrühe mit Pistazienklößchen und Wurzelgemüsestreifen hat ein

Klassiker: Dreierlei vom Handkäs' mit Bratkartoffeln

schönes, würziges Aroma. Die Salate sind frisch und zurückhaltend angemacht, die Handkäs'-Trilogie glänzt mit sehr gut gereiften Käsetalern und milder Grüner Soße. Das auf der Haut gebratene Saiblingsfilet mit Rieslingschaum und Kartoffelplätzchen hat saftigen Biss, und auch die Oberschweinstiege-Pfanne mit Rinderstreifen, Pilzen und hausgemachten Spätzle und das Wiener Schnitzel mit luftiger Panade und zar-

Maskottchen: das Schwein

tem Kalbsfleisch können sich sehen lassen. So kann man mit Fug und Recht von einem gelungenen Neustart an dieser traditionsreichen Stelle sprechen – zur Freude der vielen hungrigen Spaziergänger, Ausflügler und Familien, die Wochenende für Wochenende in den Frankfurter Stadtwald kommen.

EMPFEHLUNG:

Ein Spaziergang rund um den nahe gelegenen Jacobiweiher lohnt sich immer, aber auch das Informationszentrum Stadtwaldhaus, wo vor allem Kinder den Forst und seine Tier- und Pflanzenwelt kennenlernen können, ist nur ein paar Gehminuten entfernt.

BOBBESCHÄNKELCHE

Röderstraße 39
65183 Wiesbaden
Telefon 0611-527959
www.bobbeschaenkelche.com

Öffnungszeiten: Montags bis samstags von 17.30 Uhr an, sonntags geschlossen.

Parken: Auf der gegenüberliegenden Straßenseite gibt es zahlreiche Stellplätze, die allerdings abends oft belegt sind.

Spundekäs' und Gänsebraten

Ich kann dir sagen: Die Evelyn weiß nicht mehr, was sie noch sagen soll. Da kommt das Mädchen mit diesem langhaarigen Kerl nach Hause. Und jetzt wollen sie sogar zusammen in den Urlaub fahren – nach Tunesien!" „Ach Gott, des is ja forschtbar." Die beiden Freundinnen kommen vor lauter Reden gar nicht zum Essen. Dampfend stehen die Königsberger Klopse vor der einen, ein großer Salat vor der anderen. Die Damen sind Stammkundinnen und haben sich nicht lange mit der Karte aufgehalten. Sie essen ihre Lieblingsspeisen und trinken einen Schoppen Riesling und ein frisch gezapftes Pils.

Eigentlich ist das „Bobbeschänkelche" ja eine Weinstube. Noch dazu mit langer, langer Tradition: Seit mehr als 150 Jahren wer-

Stammkunden: Seit Generationen essen hier die Wiesbadener

den in dem ebenso kleinen wie urigen Lokal mit seinem schönen Innenhof süffige bis edle Tropfen und deftige Speisen serviert. Schon Kaiser Wilhelm hat hier gesessen – und nach ihm Generationen von Wiesbadenern. Und die haben neben zahlreichen Weinen aus dem nahen Rheingau und einigen feinen Tropfen aus französischen Gebieten auch schon immer die Wahl zwischen Pils und Weizen gehabt.

In Rüdesheim wäre das „Bobbeschänkelche" eine klassische Japaner-Hochburg, hier, ein paar Schritte von der Wiesbadener Taunusstraße entfernt, kreuzen nur selten Auswärtige auf. Die meisten Gäste kommen aus der Nachbarschaft oder aus anderen Teilen der Stadt, man bleibt sozusagen unter sich und genießt die zeitlose Mischung aus Wirtshaus, Ebbelwoi-Schänke und Weinstube, die Rainer und Gudrun Loß seit vielen Jahren mit

Keine Kompromisse: der Zeitgeist bleibt draußen

bemerkenswerter Konstanz bieten. Veränderungen gibt es im „Bobbeschänkelche" nicht – oder nur so behutsam, dass es keiner merkt: Die Hausherrin und ihr tadelloser Service verändert sich nicht, und das Speisenangebot, das der Chef in der Küche zubereitet, auch nur saisonbedingt, etwa wenn Matjes, Spargel, Pilze oder Wild auf die Karte kommen. Aber die Gäste lieben auch das Bewährte: Das Zwiebelschnitzel zum Beispiel, das Tatar zum Selbstanmachen und die Nürnberger

Unscheinbar: das Traditionshaus an der Röderstraße

Schweinswürstl auf Sauerkraut. Allem voran aber die Gänse, die Rainer Loß in der Vorweihnachtszeit dutzendweise in die Röhre schiebt: Sie sind in Wiesbaden legendär und ohne Reservierung nicht einmal im Traum zu bekommen.

EMPFEHLUNG:

Im Sommer bleibt der hausgemachte Spundekäs' unübertroffen. Und eine Vorweihnachtszeit ohne Gans im „Bobbeschänkelche" ist unvorstellbar. In den Wochen nach St. Martin brät Rainer Loß nichts anderes, und alle Wiesbadener sind sich einig: Es sind die besten Gänse weit und breit.

LOHRBERG-SCHÄNKE

Auf dem Lohr 9
60389 Frankfurt
Telefon 069-90476785
www.lohrberg-schaenke.de
info@lohrberg-schaenke.de

Öffnungszeiten: Täglich von 11 bis 23 Uhr.

Parken: Ein paar Gehminuten entfernt befindet sich der Lohrberg-Parkplatz. Der ist allerdings an schönen Tagen schnell voll – und dann parken die Leute an der Straße.

Emma-Schoppen
mit Skyline-Blick

Die Aussicht ist und bleibt grandios. Und nach vielen, vielen Jahren, in denen die „Lohrberg-Schänke" einen ziemlich schlechten Ruf hatte und von den meisten Ausflüglern am Frankfurter Hausberg gemieden wurde, hat sich das Lokal unter den Inhabern Christian Dressler und Andreas Kunz deutlich erholt und strahlt endlich wieder solide Gastlichkeit aus. Das Skyline-Panorama, das sich den Gästen bietet, ist schon immer das Kapital des Ausflugslokals gewesen. Und natürlich der schöne Biergarten, der vor dem in den zwanziger Jahren errichteten und vor ein paar Jahren renovierten Bau des Gasthauses mehr oder weniger direkt am Lohrberger Hang liegt.

Essen mit Aussicht: die Wirtsstube

Nur ein paar Schritte entfernt wachsen die Reben, aus denen der Riesling „Lohrberger Hang" des Weingutes der Stadt Frankfurt gekeltert wird – ein anständiges Tröpfchen, das als Kabinett und Spätlese trocken auch auf der Karte des Traditionslokals steht und unbedingt einen Versuch wert ist. Fast noch besser zu den deftigen Speisen auf der Karte passen allerdings die Apfelweine der Kelterei Stier aus Maintal-Bischofsheim, der kräftige „Krawall-Schoppen" zum Beispiel oder der zartrosa leuchtende „Emma-Schoppen".

Wie es sich für ein Frankfurter Lokal dieser Prominenz gehört, werden in der „Lohrberg-Schänke" vor allem Gerichte serviert, die allgemein als typisch Frankfurterisch durchgehen. Ein sehr ordentlicher Handkäs' zum Beispiel, der beim „Lohrberger Handkästrio" auch ohne klassische Musik zur Geltung kommt: als deftiges Tatar, mit Grüne-Soße-Pesto und mit süß-schar-

Sehr beliebt: der große Garten

Deftig: Diese Haxe muss es sein

fer Chili-Soße. Oder das riesengroße, luftig panierte Frankfurter Schnitzel mit Grüner Soße und Bratkartoffeln, das ebenso wie der halbe Ring Fleischwurst mit Kraut und Brot und die gekochten oder gegrillten Rippchen mit Kraut und Püree jeden auch noch so großen Hunger stillen kann. Nicht unbedingt Frankfurterisch, aber längst Teil der deutschen Gasthauskultur sind der Matjes nach Hausfrauenart und der gebackene Schafskäse mit Salat. Aber auch die sind zu empfehlen – und schmecken bei dem grandiosen Ausblick gleich noch einmal ein bisschen besser.

EMPFEHLUNG:

Nur ein paar Minuten entfernt von der „Lohrberg-Schänke" liegt das „Main-Äppel-Haus", eine gemeinnützige Informations- und Begegnungsstätte rund um das Thema Streuobst, Apfel und Gartenbau, und bietet zahlreiche Aktivitäten.

PROVIANTAMT

Schillerstraße 11a
55116 Mainz
Telefon 06131-9061600
www.proviantamt.de
info@proviantamt.de

Öffnungszeiten: Geöffnet dienstags bis samstags von 9 bis 24 Uhr, sonntags von 10 bis 15.30 Uhr, montags geschlossen.

Parken: Direkt neben dem Proviant-Magazin bietet das Parkhaus „Schillerplatz" ausreichend Platz, es ist über den Münsterplatz und die Schillerstraße zu erreichen.

Meenzer Schmankerl im Gewölbe

Sonntags steppt hier der Bär. An den Tischen sitzen Familien, Freundeskreise und Paare, in den Gängen flitzen Kellner, Kellnerinnen und Kinder hin und her, im Sommer sind auch auf der riesigen Terrasse alle Plätze belegt und am Buffet stehen die Gäste und können sich nicht entscheiden. Das Angebot von der Frühstückstheke über die Salate und Vorspeisen bis zur Grill- und Bratenstation ist so üppig und abwechslungsreich, dass die Wahl wirklich schwer fallen kann. Da hilft zur Entspannung ein Schlückchen Winzersekt – der ist nämlich beim Brunch im Mainzer „Proviantamt" inklusive und rundet die Sache wunderbar ab.

Weitläufig: das Gewölbe

Der sonntägliche Brunch in dem geschichtsträchtigen Gemäuer ist einer der beliebtesten der Stadt – und der wuchtige Bau, der vor gut 150 Jahren als Lagerstätte für die in Mainz einquartierten Truppen gebaut wurde, ist einer der bemerkenswertesten in der Innenstadt. Nach jahrelangem Leerstand beherbergt das frühere Magazin mit seinen meterdicken Wänden und seinen sieben Stockwerken inzwischen Wohnungen, das Fastnachtsmuseum, das Kabarettarchiv und den gastronomischen Betrieb, der den alten Namen des Gebäudes trägt. Man mag sich heute gar nicht mehr vorstellen, dass der ganze Komplex Ende der sechziger Jahre nur knapp dem Abriss entging.

Aber nicht nur beim Brunch geht es im weitläufigen Gewölbe des „Proviantamts" lebhaft und mitunter auch laut zu. Auch wenn die Gäste aus der regulären Karte wählen und zu den deftigen Speisen das frisch gezapfte Mainzer Aktienbier MAB trin-

Üppig: das Brunch-Buffet

Gut besucht: die Sonnenterrasse

ken – ein Gerstensaft, der seit 2004 wieder exklusiv für das „Proviantamt" nach alter Rezeptur gebraut wird –, ist die Stimmung oft ausgelassen. Auf dem Programm von Küchenchef Thomas Meinlschmidt und seinem Team stehen natürlich „Meenzer Schmankerl" wie Spundekäs', Mettbrot und Fleischwurst, aber auch klassische Hausmannskost und ein halbes Dutzend Schnitzel-Variationen, Salate, ein paar Fischgerichte und mittags günstige Sattmacher wie Saftschinken mit Püree und Kraut, Kalbsragout mit Waldpilzen, Frikadellen mit Kohlrabigemüse oder Kartoffelpuffer mit Apfelmus. Da kann die Wahl – wie beim Brunch – schon mal schwer fallen.

EMPFEHLUNG:

Regelmäßig bringen der „Spielmann & Sänger Thelonius Dilldapp" und der „Zauberkünstler Severinius d. J." mittelalterliche Atmosphäre ins „Proviantamt". Beim „Kurfürstlichen Rittermahl" unterhalten sie die Gäste während eines fünfgängigen Menüs mit Musik und Magie.

ALT-OBERURSELER BRAUHAUS

Ackergasse 13
61440 Oberursel (Taunus)
Telefon 06171-54370
www.meinbier.de
info@meinbier.de

Öffnungszeiten: Montags bis donnerstags von 11 bis 24 Uhr, freitags bis 1 Uhr, samstags 10 bis 1 Uhr, sonntags von 10 bis 23 Uhr.

Parken: In der Oberurseler Altstadt sind Stellplätze sehr rar, aber das Parkhaus Stadthalle liegt nur ein paar Gehminuten entfernt. Außerdem gibt es am Rathausplatz eine Reihe von Plätzen.

Schweinebraten zum Urtrunk

So, so, das ist also das stärkste Bier des Hauses. 33,5 Prozent Stammwürze und mehr als zehn Prozent Alkohol kann der „Oberurseler Urtrunk" vorweisen. Das ist doch mal eine Ansage. Auf den ersten Schluck präsentiert sich diese Granate zwar sehr malzig und voll, aber ansonsten eher zurückhaltend. Und es sieht auch gar nicht sonderlich gefährlich aus. Nach dem dritten Glas kommt dann allerdings allmählich, aber unaufhaltsam die Rache. Dann nämlich dämmert auch erfahrenen Biertrinkern, dass es mit diesem vollmundigen Gerstensaft irgendwas auf sich haben muss.

Nur gut, dass man im Sommergarten ein bißchen frische Luft schnappen kann. Bis zum späten Abend sitzen dort bei schönem

Sattmacher: der Wurstsalat mit Bratkartoffeln

Schmuckstück: der Kupferkessel hinter der Theke

Wetter hunderte Gäste auf einfachen Gartenmöbeln und lassen sich die Produkte der Oberurseler Braukunst an die Tische bringen. Wenn es kühler wird, bietet das Brauhaus – das Anfang des 18. Jahrhunderts im Stil der alten Patrizierhäuser erbaute, sogenannte Pfeiffersche Haus – in der urigen Gaststube und im Gewölbekeller genügend Platz für durstige und hungrige Gäste. Neben dem sagenhaften Urtrunk stehen je nach Jahreszeit noch 15 weitere Biersorten auf dem Programm: das dunkle Altbier, Hefeweizen, Maibock, Doppelbock, Winter-Weiße, Rauchbier und Gott weiß, welche Varianten noch auf dem Programm stehen. Und dann gibt es ja auch noch das süffige Brauhaus-Pils, das mit seinem feinherben, hopfigen Aroma nicht nur den Durst löscht, sondern auch die deftigen Leckereien des Hauses perfekt begleitet.

Die Auswahl, vor allem an Fleischigem, ist im „Alt-Oberurseler Brauhaus" mannigfaltig: Es gibt Grillhaxe, Schweinebraten, Fleischkäse, Rostbratwürste, Rippchen, Ochsenbrust, Schnitzel, Rumpsteak, Schweinebäckchen, Weißwürste, Leberknödel, Frikadellen und Mettbrötchen. Dazu werden Bratkartoffeln, Salat und Spätzle serviert. Selbst der urhessische Handkäs' mit Musik gehört zum Repertoire. Nur wer dazu einen Schoppen Ebbelwoi trinken möchte, wird nicht nur enttäuscht, sondern auch noch schief angeschaut. „So was habe mir hier net", sagt die flotte Bedienung mit festem Ton, der absolut keinen Widerspruch duldet.

EMPFEHLUNG:

Sehr gesellig ist die „Gaudi am Tisch", eine große Pfanne mit Bratkartoffeln, Fleischkäse, Bratwürsten, Braten, Haxe, Schnitzel und Sauerkraut für vier Personen.

BASTION VON SCHÖNBORN

Rheinufer 12
55252 Mainz-Kastel
Telefon 06134-210860
www.bastion-von-schoenborn.de
info@bastion-von-schoenborn.de

Öffnungszeiten: Täglich von 11 Uhr an, durchgehend warme Küche bis 22 Uhr.

Parken: Rund um die Reduit und auch direkt vor der Bastion gibt es zahlreiche Stellplätze, bei gutem Wetter sind aber auch die schnell belegt.

Entspannung am Rheinstrand

Eigentlich ist das hier Mainzer Boden. Historisch gesehen. Aber seit dem Ende des Zweiten Weltkrieges gehört der frühere Mainzer Stadtteil Kastel ebenso wie die benachbarten Quartiere Amöneburg und Kostheim zu Wiesbaden. Weil die drei rechtsrheinischen Stadtteile in der Besatzungszone der Amerikaner, die Stadt Mainz aber im französischen Einflussbereich lagen, wurden sie bei der Gründung der Bundesrepublik unterschiedlichen Bundesländern zugeordnet – und seither schwelt zwischen den beiden Landeshauptstädten der Streit um die sogenannten AKK-Gebiete.

Wer unbedarft am Rheinstrand in Kastel entlangspaziert, spürt von diesem latenten Konflikt allerdings herzlich wenig. Im Schat-

Geschützt: die Terrasse mit Mainz-Blick

ten der Theodor-Heuss-Brücke, vor der beeindruckenden Kulisse der historischen Reduit, die einst Teil der Festung Mainz war, bewundern Mainzer ebenso wie Wiesbadener den unschlagbaren Ausblick auf die Gutenberg-Stadt und ihren tausendjährigen Dom. Eines ihrer beliebtesten Ziele dabei ist die „Bastion von Schönborn". Manche trinken dort nach einem Spaziergang am Fluss nur einen Kaffee oder ein schönes, kühles Weizenbier, andere lassen sich nach einer ausgedehnten Fahrradtour einen der üppigen Salate, einen Teller Pasta oder Schweinelende in Calvadossoße schmecken. Es gibt aber auch Leute, die kommen in den ersten Stock des fast 180 Jahre alten Hauses mit seinen großen Panoramafenstern zum romantischen Abendessen.

Die durchgehend geöffnete Küche bietet seit mehr als zehn Jahren eine gute Mischung mediterraner und regionaler Leckereien und passt ihre Karte dem Angebot der Jahreszeiten an: So gibt

Rhein-Romantik: der Kasteler Strand

Entspannend: der Kastanien-Biergarten

es im Frühjahr stets Spargel in verschiedenen Variationen, im Herbst natürlich Pilzgerichte und zum Beispiel eine feine Kürbissuppe und im Winter immer auch ein paar Wildgerichte. Das alles kommt nicht gerade zu Discount-Preisen auf die Tische in den beiden Gasträumen und auf der großen ganzjährig geöffneten Terrasse. Aber in so exponierter Lage zahlen die Gäste nun einmal auch für das ganze Drumherum – und vor allem für den unglaublichen Blick auf die Mainzer Stadtsilhouette.

EMPFEHLUNG:

Direkt neben der Bastion liegt der Kasteler Strand, ein wunderbarer Kastanien-Biergarten mit Rhein-Naturstrand, der sich mit seinen Liegestühlen und Loungemöbeln in den vergangenen Jahren zu einer der angesagtesten Sommer-Locations in Mainz und Wiesbaden entwickelt hat.

LANDGASTHOF ENGEL

Markt 8
55270 Schwabenheim
Telefon 06130-929394
www.immerheiser-wein.de
info@immerheiser-wein.de

Öffnungszeiten: Täglich von 12 bis 14 Uhr und von 17 bis 22 Uhr, sonntags durchgehend.

Parken: Auf dem Marktplatz von Schwabenheim, direkt gegen-über vom „Landgasthof Engel" gibt es ausreichend Parkplätze.

Winzerpfanne mitten im Dorf

Die Pfalz ist noch eine ganze Ecke entfernt. Gut 50 Kilometer sind es von Schwabenheim bis zu den Ausläufern der Nord- und Vorderpfalz, dazwischen liegt das hügelige Kernland von Rheinhessen, das noch immer ein wenig im Schatten des berühmten Weinanbaugebiets im Süden liegt. Bei der Familie Immerheiser spielt das keine Rolle. Sie lässt in ihrem „Landgasthof Engel" ganz selbstverständlich auch Pfälzer Saumagen servieren. Einen sehr guten noch dazu. Und im Übrigen gibt es in der urigen, mit viel Aufwand hergerichteten, alten Wirtschaft ja auch Elsässer Flammkuchen und mediterranes Risotto zur Poulardenbrust. Mit kulinarischen Beschränkungen und Denkverboten darf man den Immerheisers nicht kommen, nicht umsonst heißt eine der regelmäßigen Veranstaltungen in ihrem Gasthaus

Geschmackvoll: die Vinothek

„Blutwurst & Champagner", bei der den Gästen ungewöhnliche Kombinationen wie Rotwein zum Fisch, Weißwein zum Hasen oder eben Schampus zur Blutwurst serviert werden.

Die Immerheisers haben immer irgendeine neue Idee. Längst sind sie nicht mehr nur Winzer, sondern auch Gastronomen und Hoteliers. Im kleinen Weinort Schwabenheim im Selztal, ein paar Kilometer südlich von Ingelheim, haben sie ein ganzes Ensemble geschaffen. Dessen Kern ist das Weingut, in dem vor allem Burgunder, aber auch Rieslinge und Sekt gekeltert werden. Anziehungspunkt für Gäste sind aber vor allem der „Landgasthof Engel" mitten im Dorf, die angeschlossene Vinothek und das Restaurant „Zum alten Weinkeller" ein paar Meter entfernt. Mit einer bemerkenswerten Mischung aus Bodenständigkeit und Weltoffenheit und einem durchaus feinschmeckerischen Anspruch haben die Immerheisers in den vergangenen Jahren

Ein Genuss: das Cordon Bleu

Zum Verweilen: die urige Gaststube

eine große Schar von Stammgästen für sich gewonnen. Im Sommer bevölkern sie den romantischen Innenhof des historischen Anwesens, in der kalten Jahreszeit sitzen sie in der gemütlichen Gaststube und lassen es sich bei Kaninchen im Speckmantel, Schinken-Käse-Schnitzel, Zander auf Perlgraupen oder der üppigen Winzerpfanne mit Geschnetzeltem in Silvaner-Soße so richtig gut gehen. Getrunken werden dazu vor allem die Weine aus Wingert und Keller der Familie – aber die Immerheisers wären nicht die Immerheisers, wenn sie in ihrer Vinothek nicht auch eine große Auswahl von Tropfen aus aller Welt hätten.

EMPFEHLUNG:

Nur ein paar Meter vom Gasthof entfernt liegt das Restaurant „Zum alten Weinkeller". Es ist mittwochs bis sonntags geöffnet und gewissermaßen die Fine-Dining-Dependance der Familie Immerheiser, in der vor allem feine Menüs serviert werden.

GUTSAUSSCHANK IM BAIKEN

Wiesweg 86
65343 Eltville
Telefon 06123-900345
www.baiken.de
info@baiken.de

Öffnungszeiten: April bis Oktober mittwochs bis freitags von 17 Uhr an, samstags und sonntags von 12 Uhr an; November bis März mittwochs bis samstags von 17 Uhr an, sonntags von 12 Uhr an.

Parken: Direkt vor der Tür gibt es genügend Stellplätze für alle Gäste.

Schöner Blick auf
Rhein und Reben

Der Ausblick ist einzigartig, der Wein erstklassig und die Küche gutbürgerlich mit einem modernen Pfiff. Was braucht es mehr für einen besinnlichen Nachmittag oder Abend im Rheingau? Für manchen Zeitgenossen gibt es nichts Schöneres, als mit einem Glas Riesling in der Hand vom Weinberg herab auf die Reben und den Rhein zu blicken – im Gutsausschank „Im Baiken" bei Eltville ist das das ganze Jahr über möglich.

Mitten im Rauenthaler Weinberg gelegen, ist die Wirtschaft zwar von weither zu sehen, aber nur über den schmalen Wiesweg zu erreichen. Doch der in Maßen beschwerliche Weg lohnt sich. Wer Platz auf der großen, von viel Grün bewachsenen Terrasse

Schlicht aber stilvoll: die Schankstube

findet, kann den Blick ohne Unterlass schweifen lassen: über die nahe gelegenen Weinlagen, über die Ausläufer von Eltville, über den träge dahinfließenden Rhein bis hin zur anderen Seite des Flusses. Und auch in den kühleren Jahreszeiten bietet die rustikale Gaststube einen schönen Ausblick.

Die Auswahl an guten Tropfen aus dem Rheingau ist „Im Baiken" groß und genügt auch hohen Ansprüchen, vom einfachen trockenen Qualitätswein bis zur großen Riesling Spätlese können die Gäste zahllose Erzeugnisse aus der Region sowohl als Schoppen als auch aus der Flasche trinken. Auf der Speisekarte stehen dagegen nicht sehr viele kleine und größere Gerichte, aber dafür überzeugen sie alle ohne Ausnahme. Das beginnt beim Spundekäs' mit Schalotten, Gurken und Radieschen, gilt

Geräumig: die überdachte Terrasse

Perfekte Lage: die Weinberge in Rauenthal

für den hausgebeizten Lachs mit Mandel-Limettenpesto ebenso wie für das Schulterstück vom Eichelschwein mit Kartoffelragout und Karotten und endet schließlich beim Riesling-Eis mit Aprikosen-Estragon-Kompott und Ziegenquarktörtchen. Pächter des „Baiken" ist das Gastronomie-Unternehmen „11te Generation" – und das ist bekannt für seine bodenständigen und doch anspruchsvollen Kreationen. Und seine Frikadelle. Die wird „Im Baiken" selbstverständlich auch serviert; zum Beispiel mit Rahmkohlrabi und Sommertrüffel. Das hört sich gut an, und das ist es auch. Und es hat zur Folge, dass ein Besuch ohne Reservierung einem Roulette-Spiel gleicht, so groß ist der Andrang mitunter.

EMPFEHLUNG:

Die beste Gelegenheit, um nach einem guten Mahl im Gutsausschank etwas Bewegung zu bekommen, ist ein ausgedehnter Spaziergang durch die Weinberge. Ein Marsch auf die „Bubenhäuser Höhe" wird mit einem großartigen Blick auf den Rhein belohnt.

FRANKFURTER ÄPFELWEIN BOTSCHAFT

Eschborner Landstraße 154
60489 Frankfurt
Telefon 069-74305677
www.frankfurter-apfelwein-botschaft.de
info@frankfurter-apfelwein-botschaft.de

Öffnungszeiten: Montags bis freitags von 11.30 Uhr an, samstags von 17 Uhr an, sonntags geschlossen. Durchgehend warme Küche bis 22 Uhr.

Parken: An der Straße vor dem Lokal gibt es ausreichend Stellplätze.

Schobbe unterm Walnussbaum

Vom Pferdestall zur Werkstatt, dann zum Pförtnerhaus und schließlich zur Botschaft: So eine Karriere machen nicht viele Gebäude – schon gar nicht in Rödelheim. Aber der alte Fachwerkbau am Eingang der Kelterei Possmann hat es tatsächlich so weit gebracht. Peter Possmann, Firmenchef in der fünften Generation, hat das historische Haus sanieren und als „Frankfurter Äpfelwein Botschaft" herrichten lassen. In rustikalem Ambiente können die Schobbepetzer dort nicht nur Possmann'schen Ebbelwoi, sondern auch frankforderische Speisen genießen, Grie Soß, Handkäs', Rippchen und dergleichen.

Am schönsten ist es allerdings nicht im Haus, sondern draußen. Von der Terrasse und vom schönen Garten aus wirkt der frühe-

Unwiderstehlich: der Schoppen vom Possmann

re Pferdestall mit seinen weiß verputzten Wänden, den braunen Fensterläden und den roten Dachziegeln fast schon mediterran. Ein großer Walnussbaum spendet angenehmen Schatten, und das Rauschen der Autobahn hinter den Bäumen klingt mit ein bisschen gutem Willen sogar wie das Rauschen des Meeres.

Doch ein Blick in die umfangreiche Speisekarte holt die Gäste zurück ins Hier und Jetzt. In der „Äpfelwein Botschaft" stehen heimische Deftigkeiten vom Frankfurter Schnitzel bis zum Tafelspitz auf dem umfangreichen Programm. Und nicht nur Auswärtige dürften sich wundern, was ein Frankfurter Koch so alles aus einem schnöden Handkäs' herausholen kann: Neben der klassischen Version mit Musik kommen hier zum Beispiel auch frittierter Handkäs' mit Apfelweinsenf und eine orientalische Variante mit karamelisierten Orangen und Pistazien auf den Tisch. Das „Hessenschnitzel" ist natürlich mit Handkäs'

Grünes Kleinod: der Garten

Einst Pferdestall und Werkstatt: die Wirtsstube

überbacken, und im Sommer findet sich die hessische Leibspeise sogar auf dem Flammkuchen. Unbedingt zu empfehlen ist die Grüne Soße, die zum Frankfurter Schnitzel oder ganz klassisch mit gekochten Eiern und Kartoffeln serviert wird.

Zu trinken gibt es in der „Äpfelwein Botschaft" natürlich in erster Linie Ebbelwoi. Naturtrüben „Frau Rauscher"-Speierling ebenso wie den „Klassiker" des Hauses, außerdem den Possmann-Apfelschaumwein 1881, und diverse Mix-Varianten mit Holunder, Apérol und Limette. Aber das ist wohl eher etwas für die Jüngeren unter den Schobbepetzern.

EMPFEHLUNG:

Ausdrücklich für „Unentschlossene" bietet die „Äpfelwein Botschaft" verschiedene Proben mit jeweils vier oder sechs unterschiedlichen Ebbelwoi-Varianten im 0,1-Liter-Glas an.

WIRTSHAUS IM SCHLOSS

Weiherstraße 6
65232 Taunusstein/Wehen
Telefon 06128-853888
www.wirtshaus-im-schloss.de

Öffnungszeiten: Montags bis freitags von 16 bis 1 Uhr, samstags und sonntags von 11 bis 1 Uhr.

Parken: Direkt am Schloss gibt es einen kleinen Parkplatz, aber auch an der Weiherstraße sind Stellplätze vorhanden.

Fleischgenuss im Fußballdorf

Die drei Herren lassen das Wochenende gemütlich ausklingen. Entspannt sitzen sie am Tresen und verfolgen das Sonntagabend-Spiel der Bundesliga. Auf dem großen Flachbildschirm hinter der Theke werden gerade die Freiburger von den Leverkusenern abgekocht – und die drei Wehener kommentieren das ausführlich und lautstark. Die anderen Gäste lassen sich davon nicht stören, die meisten bekommen es gar nicht mit. Denn das „Wirtshaus im Schloss" ist mal wieder bis auf den letzten Platz gefüllt, da fallen die Fußballfreunde am Tresen nicht weiter auf – beweisen aber, dass das Lokal im Taunussteiner Ortsteil Wehen mehr ist als nur eine Speisegaststätte, nämlich auch Kneipe, geselliger Treffpunkt und Veranstaltungsort.

Mittelpunkt des Hauses: der Tresen

Im modernen, gläsernen Wintergarten, um den das historische Gebäude vor ein paar Jahren erweitert wurde, wird an diesem Abend ein 60. Geburtstag gefeiert, in den Räumen des alten Hauses herrscht normaler Restaurantbetrieb: Und das heißt vor allem Schnitzel (sechs Varianten), Hacksteaks (vier Varianten) und Rindersteaks (zwölf Varianten). Dazu gibt es Ofenkartoffeln, Rösti, Bratkartoffeln, Pommes und alles was die Knolle sonst noch so hergibt. Außerdem eine riesige Auswahl an Salaten und drei verschiedene Fondues, die allerdings immer für zwei Personen gedacht sind und – im Falle des Käsefondues – auch vorbestellt werden müssen. Die Küchenmannschaft arbeitet an solchen Abenden im Akkord, aber die Qualität stimmt bei je-

Wehener Institution: das Wirtshaus

dem Teller, der an den Tisch kommt. Vor allem die Steaks sind von bester Qualität: abgehangen, auf den Punkt gebraten und butterzart. Da könnte sich mancher Frankfurter Steakhaus-Betreiber, der locker das Doppelte für sein Fleisch verlangt, eine Scheibe abschneiden.

Im Sommer serviert der engagierte „Wirtshaus"-Service auch auf der großen Terrasse im Schlossgarten hinter dem Haus. In der kalten Jahreszeit entfalten dagegen die Gasträume im alten Gebäude ihren Charme. Die dunkelgelben, gewischten Wände, der alte Dielen-Fußboden, die warmen Farben der Dekoration und die Kerzen auf den Tischen geben dem Lokal eine gemütliche Gastlichkeit, die nicht nur den Einheimischen gefällt. Und der Bildschirm hinter der Theke lockt immer wieder auch die Fußballbegeisterten an.

EMPFEHLUNG:

Mit der „Wirtshausplatte" für zwei Personen kann man gleich drei Spezialitäten des Hauses kennenlernen: Schnitzel mit Jägersauce, Hacksteak mit Schafskäsefüllung und Schweinelendchen in Pfeffersauce.

GASTHAUS „ZUM RIESEN"

Hauptstraße 99
63897 Miltenberg
Telefon 09371-989948
www.riesen-miltenberg.de
info@riesen-miltenberg.de

Öffnungszeiten: Täglich von 11 Uhr an, montags bis donnerstags bis 24 Uhr, freitags und samstags bis 1 Uhr, sonntags bis 22 Uhr.

Parken: Direkt am Main gibt es in Miltenberg große öffentliche Parkplätze – von dort sind es nur ein paar Schritte bis zum Gasthaus „Zum Riesen".

Doppelbock im Haus der Fürsten

Das Haus ist ein beeindruckender Fachwerkbau – und seine Geschichte ist einzigartig. Im Jahre 1590 errichtet, ist es eines der ältesten in Miltenberg. Aber die Historie des Gasthauses „Zum Riesen", das hier seit Generationen residiert, reicht viel weiter zurück. Es ist urkundlich verbürgt, dass an dieser Stelle schon Mitte des 12. Jahrhunderts ein Wirtshaus dieses Namens stand. 1314 war Ludwig der Bayer kurz nach seiner Wahl zum König im „Riesen" zu Gast, Karl IV. im Februar 1368. Und im Laufe der folgenden Jahrhunderte nahmen zahlreiche weitere Fürsten und Könige hier Quartier. Wohl mit Recht wirbt das Traditionshaus heute damit, das älteste Gasthaus Deutschlands zu sein.

Bier und herzhafte Speisen: die Schankstube

Haus mit Geschichte: der Fachwerkbau von 1590

Geführt wird es seit mehr als zehn Jahren von der Brauerei Faust – und die ist in Miltenberg selbst eine Institution. Seit mehr als 350 Jahren steht das Familienunternehmen für anspruchsvolle Braukunst, die Faust-Biere sind weit über die Mainstadt hinaus bekannt und werden in ganz Unterfranken und den angrenzenden Regionen getrunken. Im Gasthaus „Zum Riesen", das nach Niedergang und Schließung um die Jahrtausendwende vom Brauhaus Faust übernommen und grundlegend renoviert wurde, können sich die Gäste durch das Bier-Sortiment der Familienbrauerei probieren – vom strohgelben, feinen Pils bis zum rotbraunen, intensiven Doppelbock. Dazu gibt es in der behutsam modernisierten Gaststube eine große Auswahl herzhafter Speisen. Besonderer Service: Zu jedem Gericht steht auf der Karte eine Bierempfehlung, beim kleinen Mettbrot mit Zwiebeln (Riesen-Spezial) ebenso wie beim Miltenberger Suppenfleisch mit Meerrettichsoße (Hefeweizen hell) oder den großartigen, hausgemachten Frikadellen mit Pfeffer-Bierrahmsoße (Schwarzviertler). Kein Wunder, dass der „Riesen" nach fast 900 Jahren mehr denn je eines der beliebtesten Gasthäuser des Landes ist.

EMPFEHLUNG:

Das Gasthaus „Zum Riesen" gehört der Familie Faust und gehört zum Unternehmen. Die eigentliche Brauerei-Gaststätte aber ist das „Bräustüble", Löwengasse 3, in unmittelbarer Nähe zur Brauerei. Zu Speisen aus der Bistro-Küche gibt es dort natürlich die Faust-Biere und sogar ein paar Cocktails mit Bier.

DER AUTOR

Peter Badenhop wurde 1964 geboren. Nach dem Abitur absolvierte er in Hamburg eine Banklehre und studierte in Saarbrücken und London Betriebswirtschaftslehre sowie Politik und Geschichte. 1993 begann er ein Volontariat beim Deutschen Fachverlag in Frankfurt. Seit 1996 ist er Redakteur beim Rhein-Main-Teil der F.A.Z., dort kümmert er sich um kulinarische Themen. Er hat mehrere Gastroführer und Bücher zum Thema Wein geschrieben. Er wohnt mit seiner Frau und zwei Kindern in Wiesbaden.